Elena Jasmin Jeker-Gounakis

Entdecke das Geheimnis in dir ...
... und entschlüssle die Frage »Warum«

D1673989

© 2015 Elena Jasmin Jeker-Gounakis
Satz, Layout und Umschlaggestaltung: Buch&media GmbH, München
Umschlaggestaltung unter Verwendung eines Bilds
von © Photobank – fotalia.com
Herstellung und Verlag: BoD – Books on Demand
Printed in Germany
ISBN 978-3-7357-0730-7

Elena Jasmin Jeker-Gounakis

Entdecke das Geheimnis in dir ...

... und entschlüssle die Frage

»Warum«

W : Wunder

A : Ärger

R : Ratlosigkeit

U : Umbruch

M : Mut & Entschlossenheit

Om
Guru Bramha
Guru Vishnu
Guru Devo Mahe-Ishwara
Guru Sakshat Parabramham
Tasmai Sri Guruve-nanamaha

॥ ॐ ॥

Om Suklam
Bharadharam Vishnum
Sashi_varnam Chantur Bhujam
Prasana Vadanam Dhiyaya
Sarva Vignopa Shantaye

॥ ॐ ॥

Om Bhur Bhuvah-Svaha
Tat_Savitur Varenyam
Bhargo De-vasya Dhimahi
Dhiyo Yo Naha
Pracho-dayat

॥ ॐ ॥

Inhaltsverzeichnis

Einführung:

Vom Devisenhandel zur spirituellen Meisterschaft

Eine Sekunde,
ein Hindernis,
ein Moment der Stille

Eine Sekunde genügt, damit sich das Leben um 180 Grad verändern kann. Was zu Beginn »nur ein Unfall, ein Sturz mit dem Rennrad« schien, war in Wirklichkeit ein zweiter Geburtstag in ein neues Leben. Ein neues Leben, das zuerst erforscht werden musste. Schmerzen, alte Strukturen und Denkmuster mussten durchbrochen werden, damit das Neue seinen Platz finden konnte.

Es geht in diesem Buch nicht nur um meine Geschichte, sondern vielmehr zeigt es einen Leitfaden auf – einen Lehrpfad, den jeder Mensch auf seine eigene Art und Weise bereits in sich angelegt hat und zu entdecken vermag. Denn Leben bedeutet, zu lernen und sich weiterzuentwickeln. Nicht nur durch Schulbücher, sondern durch »die Schule des eigenen Lebens«.

Auch in der Partnerschaft, wenn sich zwei Menschen kennenlernen, heiraten und gemeinsam durch das Leben gehen. Hier beginnt die gemeinsame Arbeit an der Beziehung. Die gegenseitige Bereitschaft, in das tiefe Innere zu schauen, wobei es auch nie einen Schuldigen gibt. Die Bereitschaft, sich nackt zu zeigen (seine Gefühle zu zeigen), damit daraus eine wahre Glückseligkeit wachsen kann.

Es braucht Selbsterkenntnisse, Sensitivität, innere Stille und Achtsamkeit im Leben, damit man in der Lage ist, sich selbst zu entdecken.

Eine spannende Reise durch Berg und Tal beginnt – das Leben.

Kapitel I:

EIN TRAUM,
DER MEINE WELT
VERÄNDERTE

Im Laufe meines zweijährigen Lehrgangs zur Mentaltrainerin habe ich während des Unterrichts mehrmals den Namen eines indischen Lehrers und Meisters gehört, ihm jedoch keine Beachtung geschenkt.

An einem schönen Sonntagmorgen bin ich dann aus einem Traum aufgewacht. Ich hatte ein Bild in mir von dem warmen, strahlenden Gesicht eines junges indischen Mannes. In der Realität aber blickte ich in die Augen meines Ehemannes. Fragend schaute er mich an: Hast du gut geschlafen? Hast du etwas geträumt? Bevor ich ihm antworten konnte, brauchte ich etwas Zeit, um mich zu besinnen. Ja, sagte ich und erzählte ihm von meinem Traum.

Kurz darauf setzte ich mich an meinen Computer und versuchte mich an den Namen zu erinnern, den ich schon mal gehört hatte. Nach mehreren Versuchen öffnete sich die Homepage eines indischen Mannes namens Swami Kaleshwar, der im Süden Indiens eine Seelen-Universität und einen Ashram führt, in welchen vedisches Wissen, das über 7000 Jahre alt ist, von ihm persönlich gelehrt wird.

Mein Herz blühte auf, hitzige Gefühle überkamen mich, ich erstarrte beim Anblick seines Gesichtes. Kannte ich diesen Mann? Oder war es nur der Mann aus meinem Traum? Doch wie kam es, dass ich von einem Mann träumte, den ich nicht kannte und dessen Anblick mich trotzdem so tief im Herzen berührte? Mich, dessen Namen ich zuvor keine Beachtung geschenkt hatte?

Das ist der Anfang einer langen Geschichte.

Drei Tage später sassen wir in einem Wochenendseminar in der Schweibenalp, mein Rucksack und ich. Geleitet wurde dieses Seminar vom indischen Meister und Lehrer Swami Kaleshwar. War das ein Zufall?

Als André und ich auf der Homepage von Swami waren, stießen wir auf dieses bereits seit Monaten ausgebuchte Wochenendseminar. André hatte mich ermuntert, mich trotzdem anzumelden, und siehe da, wenige Stunden später erhielt ich die Antwort, dass ein Platz frei geworden sei.

So ging ich alleine auf die Alp. In einem selbst aufgebauten Zelt, mit 200 weiteren Personen, wartete ich auf das Erscheinen dieses indischen Mannes. Es herrschte Hochspannung. Ich hatte einen Gangplatz und schaute neugierig in die Runde, ob ich vielleicht doch jemanden kennen würde, mit dem ich mich über dieses Abenteuer austauschen könnte. Leider war weit und breit kein bekanntes Gesicht zu entdecken.

Kurze Zeit später betrat Swami das Zelt. Die Energie war extrem hoch, ich konnte es richtig fühlen, weil ich so sehr an den Händen schwitzte. Er trug weisse indische Kleider und einen langen, dunkelbraunen, samtenen Mantel. Er lief entlang des Ganges, blieb auf meiner Höhe stehen, lief dann weiter, ohne sich umzusehen und ging auf die Bühne zu, wo er sich hinsetzte und zu uns schaute.

Mir stockte der Atem, mein Herz raste, meine Hände waren nass und Tränen liefen mir über die Wangen. Was war das? Was war das für ein Gefühl? Warum diese Reaktionen? Wenn ich diesem Gefühl Ausdruck gab, dann war es ein warmherziges, freudvolles, inniges Gefühl, ein Gefühl von tiefem Vertrauen. Bevor Swami mit seiner Rede anfing, wurden vedische Lieder gesungen. Auch ich bekam ein Blatt zum Mitsingen, doch brachte ich keinen Ton heraus. Ich war so überwältigt und tief berührt. Berührt von etwas, das ich nicht kannte, aber auf eine gewisse Art doch kannte. Diese Lieder kamen mir ebenfalls vertraut vor, obwohl ich sie zum ersten Mal hörte.

Mein Herz war erfüllt und tief in meinem Inneren spürte ich ein unglaubliches Vertrauen und unendliche Dankbarkeit, dort zu sitzen. Ich spürte, wie sich durch Swamis Worte mein Herz immer weiter öffnete und es schien, als würde ich in meinem Innern, mit ihm und dem ganzen Raum voller Menschen, verschmelzen. Die Wahrheit ist, ich bin diesem Mann in diesem Leben zum ersten Mal begegnet. Irgendetwas in mir aber, meine Seele, hat die Seele dieses Mannes erkannt. Ich glaube, so in etwa würde ich das erklären.

Nach diesem einzigartigen und unvergesslichen Wochenendseminar ging ich voller Glücksgefühle nach Hause und konnte es kaum erwarten, André von meinen Erlebnissen und Gefühlen zu erzählen. Er sah einen Glanz, ein Funkeln in meinen Augen, eine magische Energie, die auch ihn fesselte, Worte brauchte es keine in diesem Moment. Etwa drei Wochen später besuchten wir Swami in Frankfurt, wo auch André ihn persönlich kennenlernen durfte.

Seit dieser Begegnung sind wir mehrmals zusammen nach Indien gereist, und ich verbrachte knapp drei Jahre in seinem Ashram. Swami hat dort eine Seelen-Universität im Süden Indiens gegründet. Ich lernte altes Wissen aus den Palmblattbüchern, welche über Tausende von Jahren alt sind. Ich durfte viele persönliche Erfahrungen mit Swami machen und vor allem habe ich mich durch spezielle Meditationsprozesse von Altlasten und Verhaltensmustern, welche wir alle in uns tragen, befreien können. Dies half auch, in zwischenmenschlichen Beziehungen und in der Partnerschaft ein tiefes Verständnis für einander zu bekommen. André und ich konnten uns von vielen Denk- und Verhaltensmustern lösen, sodass wir ein Leben in Liebe, Vertrauen und Geborgenheit leben können.

Selbsterkenntnis:
Ich erkannte,
dass wir in unserem Leben einen ständigen Begleiter haben.
Ich erkannte,
dass wir vom Universum geführt und getragen werden,
sodass jegliche Angst,
jegliche Art von negativen Gedanken und Gefühlen
sowie Existenzängste
keinen Platz in meinem Leben mehr haben.
Ich realisierte, dass jedes Ereignis seinen Sinn und Zweck hat
und dass nichts im Leben einfach so geschieht.
Somit gibt es keine Zufälle.
Ich erkannte,
dass wir unser Leben selbst in die Hand nehmen können
und wir durch unsere Gedankenkraft und Herzenswünsche
unser Leben so gestalten können, um in
»Glückseligkeit und Harmonie« leben zu können.
Ein Leben zu leben, nach dem sich viele Menschen
nur allzu sehr sehnen.

Im Sommer 2011, nach einem dreimonatigen Lehrgang an der Seelen-Universität, teilte mir Swami mit, dass er André und mich verheiraten und uns seinen Segen geben möchte. Angekündigt war ein zehntägiges Programm, an dem rund 500 Studenten teilnehmen sollten, angereist aus der ganzen Welt.

Am 25. Juni 2011 durften André und ich den schönsten Moment unseres Lebens mit unserem Meister Swami Kaleshwar erleben. Eine vedische Tempelhochzeit mit drei Priestern, einem indischen Lehrer und Meister und knapp 500 Studenten. Dieses einzigartige Gefühl, diesen einzigartigen Zustand des Glücks, dieses einzigartige Erlebnis, tragen wir tief in unseren Herzen.

Meine Dankbarkeit, Liebe und Hingabe gehen an:

meinen Meister Swami Kaleshwar,
seinen Meister Shirdi Sai Baba,
unseren universellen Meister Jesus,
die göttliche Mutter, die Mutter Natur, die Mutter Erde,
welche unsere Seelen erschaffen hat.
Und meine leibliche Mutter,
die mich auf die Welt gebracht hat,
damit ich die Süsse des Lebens erfahren kann.

Meine Karriere
als Devisenhändlerin

Mit 30 Jahren erreichte ich den Höhepunkt meiner Karriere. Seit elf Jahren war ich bei einer Schweizer Grossbank im Devisenhandel tätig. Ein Job voller Hektik, Verantwortung und schnellem Handeln. Ein Job voller Risikobereitschaft und Nervenkitzel, da es um viel Geld ging und der Fokus auf dem Geldverdienen lag. Logischerweise gelang das nicht immer. Heute bist du top, morgen bist du flop, heute bist du ein Hero, morgen bist du ein Zero. Ich hatte mein eigenes Budget, war verantwortlich für eine Hauptwährung und spekulierte für die eigene Bank und unsere Kundschaft. Auch hatte ich ein monatliches Budget zu erfüllen, bei welchem ich Geld für die Bank einbringen musste. Der Devisenhandel läuft 24 Stunden rund um die Uhr und um den ganzen Globus, anders als der Börsenhandel, der zu einer bestimmten Zeit beginnt und aufhört.

Oftmals herrschte solch eine Hektik, dass es kaum möglich war, auf die Toilette zu gehen, das Mittagessen musste auf den späten Nachmittag verschoben werden, und am Ende des Tages hatte man ein 15-stündiges Pensum hinter sich. Mein Arbeitsplatz bestand aus sechs Bildschirmen, zwei Tastaturen und acht Lautsprechern (um die Stimme der Währungsbroker zu hören). Konzentration und Schnelligkeit waren in jedem Moment gefordert. Hin und wieder gab es auch schöne ruhige Tage, an welchen man sich dreistündige Mittagessen leisten durfte oder am frühen Nachmittag guten Gewissens nach Hause gehen konnte.

Ich liebte meinen Job, wenn sich durch wirtschaftliche Einflüsse meine Währung in eine Gewinn einbringende Richtung bewegte, und ich hasste ihn, wenn sie mir schlaflose Nächte und rote Zahlen bescherte. Der Druck war immer da. Nichtsdestotrotz liebte ich diese

Arbeit auch deshalb, weil es kein normaler Job war. Gefühle durften ausgedrückt werden; ich würde fast behaupten, dass ich die meisten Schimpfworte kannte, ausgedrückt in verschiedenen Sprachen, denn wenn schnelles Agieren gefordert wurde, war man seinen Gefühlen am nächsten. Vor allem an Verlust einbringenden Tagen, an welchen die Emotionen sehr hoch waren. Leider gab es auch diese.

Intuitives Handeln und ein gutes Gespür waren Gaben, die ich schon damals hatte, zu diesem Zeitpunkt konnte ich aber nicht wirklich damit umgehen. Heute ist mir bewusst, dass das Universum es nicht zulässt, Geld auf Kosten anderer zu verdienen.

Ich machte diesen Job seit meinem 20. Lebensjahr. Ich lernte sehr schnell und war fasziniert, wie durch Wirtschaftseinflüsse und politische Entscheidungen unser Währungssystem beeinflusst wird. Im Laufe der Zeit absolvierte ich ein internationales Diplom, mit welchem ich auf der ganzen Welt als Devisenhändlerin arbeiten konnte.

Im Anschluss an meine Ausbildung durfte ich für knapp ein Jahr nach New York, um berufliche Erfahrungen zu sammeln. Die ersten paar Tage wohnte ich in einem Hotel an der 5th Avenue im 32. Stock, da meine Wohnung noch nicht frei war. Ich fühlte mich wie »Pretty Women, walking down the street«, nur Richard Gere in der weissen Limousine fehlte. Danach wohnte ich in der Nähe der Wallstreet in einem 35-stöckigen Hochhaus mit eigenem Empfang, einer 24-Stunden-Aufsicht und einer Dachterrasse mit der spektakulärsten Aussicht, die ich je geboten bekommen hatte. New York ist wirklich die Stadt der schlaflosen Nächte. Ich lernte viele Menschen kennen und erlebte die schrägsten und tollsten Partys. Kein Abend verging, an dem ich Ruhe und Entspannung hätte geniessen wollen. Ich suchte auch keine Ruhe, denn Ruhe hatte für mich in dieser Zeit einen eher bedrohlichen Aspekt. Denn dann hätte ich Zeit gehabt, unerwünschten Gefühlen Beachtung zu schenken oder über mich und mein Leben nachzudenken.

An den Abenden vergnügte ich mich bei Abendessen mit New Yorkern, lernte tolle Bars kennen und genoss das Nachtleben. Die grosse Kunst, die ich vollkommen beherrschte, war, trotz der langen Nächte

17

morgens in strahlender Frische im Büro zu erscheinen und das nicht später als um 7.15 Uhr. Gegen Nachmittag, wenn es die brennenden Augen nicht mehr zuliessen offen zu bleiben, legte ich oftmals einen 15- bis 30-minütigen Powernap im »stillen Örtchen« ein. Unbemerkt, versteht sich.

Gegen Ende meines Aufenthaltes erhielt ich zu meinem Erstaunen ein Angebot, in New York zu arbeiten. Für eine junge Frau stellte es eine grosse Herausforderung dar, sich in einer Männerwelt durchzusetzen, und das noch in New York. Ich entschied mich trotzdem, nach Hause zu kommen.

Zu dieser Zeit hatte ich keine Verpflichtungen im Sinne einer Partnerschaft, ich war frei wie ein Vogel, machte einen guten Job mit gutem Verdienst und richtete meinen Fokus auf die schönen Dinge des Lebens. Die unschönen Seiten wurden stets ausgeblendet, denn wer will sich schon mit Problemen beschäftigen. Meine Überlebensstrategie, mit Leichtigkeit durchs Leben zu gehen, schien über mehrere Jahre gut zu funktionieren, bis der 21. April 2004 alles auf den Kopf stellte.

Die Passfahrt mit dem Rennrad

Während des Aprils musste ich den New Yorker Markt abdecken, das heisst meine Arbeitszeit fing um circa 15 Uhr an und endete zwischen 23 und 23.30 Uhr. Jeder in unserem Team musste auch diese Erfahrung einmal gemacht haben. Dies wurde aber gegen meinen Willen entschieden.

Zu diesem Zeitpunkt war ich ziemlich ausgelastet, die vielen wirtschaftlichen und politischen Einflüsse brachten die Währungen zu enormen Schwankungen. Und natürlich wollte mein Ehrgeiz es nicht zulassen, dass jemand anders sich um meine Währung kümmerte. Derjenige könnte es ja nur halb so gut machen wie ich, aber auch verpassen wollte ich nichts. In dieser Zeit war ich sehr engagiert, hatte besonders viel Umsatz und musste grössere Volumen im Markt umsetzen, sodass wir oftmals den ganzen Markt bewegten. Solche Tage waren geprägt von Adrenalinschüben, Konzentration und Schnelligkeit in jedem Augenblick.

Auch war ich seit ein paar Monaten dabei, eine grosse »Afterwork-Traders-Party« zu organisieren in einem der grössten Clubs in Zürich. Ein Treffen unter Devisenhändlern. Es kamen Händler aus ganz Europa angereist. Es war DAS Treffen, über 500 Leute nahmen an diesem Event teil, und wir feierten bis in die tiefe Nacht hinein. In dieser Nacht schlief ich etwa zwei Stunden.

Nach diesem Event war keine Ausrede mehr gut genug und das letzte Wort lautete:»You have to do it.«

Meine Schicht begann in der zweiten Aprilwoche. So vergnügte ich mich oft morgens mit meinem Rennrad und fuhr über Berg und Tal. Rennradfahren war eine meiner Leidenschaften. Ich liebte es, mit Freunden an den Wochenenden Rennradtouren zu unternehmen. Oftmals waren wir vier bis fünf Stunden unterwegs.

So auch an diesem sonnigen Aprilmorgen. Ich nahm mein Rennrad und fuhr los. Stunden später hatte ich eine schöne Tour hinter mir und musste nur noch über den Pass, um nach Hause zu kommen. Mir lief die Zeit ein wenig davon, denn bald musste ich zur Arbeit. Die Passfahrten liebte ich. Beim Hochfahren die brennenden Oberschenkel und das Schwitzen, danach die Belohnung beim Runterfahren.

Da wir einen ziemlich kalten und langen Winter hinter uns hatten, gab es viele Belagsschäden auf dieser Passstrecke. Immer wieder musste ich bei der Abwärtsfahrt den Asphaltlöchern ausweichen. Zum Glück herrschte an diesem Tag trotz Sonne wenig Verkehr. Ein weiteres Loch kam auf mich zu, die Reaktion jedoch zu spät. Ich konnte nicht mehr ausweichen und verlor die Kontrolle über mein Lenkrad. Was ich noch wusste, war, dass ich vorwärts über die Lenkstange flog.

An mehr kann ich mich nicht erinnern. Mein Bewusstsein erlangte ich erst wieder, als zwei liebevoll umsorgende Männer in weiss-blauer Uniform mich liegend auf einer Bahre in ein Auto reinschubsten, welches mit Blaulicht davonraste. Fragen bezüglich meines Namens und über das, was geschehen war, brachten keine Antwort aus mir hervor. Es verging einige Zeit der Stille. In meinem Innern herrschte Leere, ich konnte mich an nichts erinnern. Meinen Körper nahm ich wahr, ich realisierte, dass dieser zusammen mit meinem Kopf irgendwie verbunden war. Mein Körper konnte sich nicht bewegen. »Was ist geschehen?«, flüsterte ich dem Mann zu, der an meiner Seite war. »Ein Unfall«, lautete die ebenso leise Antwort. Als ich versuchte, eine kleine Bewegung in meinen Körper zu bringen, durchströmte mich ein elektrisierender Schmerz, wie ich ihn noch nie zuvor gespürt hatte.

Zu meinem Glück hatte ich mein Handy dabei, welches während der Fahrt im Krankenwagen zu klingeln begann. Ich hatte kurz vor dem Passaufstieg die Mutter einer Freundin angerufen. Ihr Mann kannte sich sehr gut in dieser Gegend aus, und ich wollte ihn nach dem kürzesten Weg fragen, um nicht zu spät bei der Arbeit zu erscheinen. Sie wollte mich zurückrufen. Glück im Unglück: Über diesen Weg erfuhr der Sanitäter meinen Namen und erhielt weitere hilfreiche Informationen.

Angekommen in der Notaufnahme des Spitals, war auch schon meine Schwester zur Stelle. Bei diesem vertrauten Gesicht kehrten auch schon die ersten Puzzleteile meiner fehlenden Erinnerungen zurück. Am gleichen Tag wurde ich operiert. Meine »Superleistung« an diesem Tag bestand aus einer Schlüsselbeinfraktur, welche mit sieben Schrauben und einer Platte befestigt wurde, offenen Knien, offenen Wunden an den Schulterblättern, Gesichtsverletzungen mit einer besonders schlimmen unterhalb des linken Auges, die mit mehreren Stichen genäht werden musste. Alles, was an diesem Tag geschah und den darauffolgenden, weiss ich nur durch Erzählungen. Die einzigen Worte, die ich dafür jedoch mehrmals zum Ausdruck bringen konnte, waren »Glück gehabt« und »vielen Dank meinem Schutzengel, es hätte ja noch viel schlimmer ausgehen können«.

Nach einigen Tagen Spitalaufenthalt wurde mir zugesprochen, nach Hause zu gehen. Eigentlich wurde ich fast gezwungen zu gehen, da ich wegen Platzmangels auf der Herzstation untergebracht war und dort Hochbetrieb herrschte. Da ich kaum meine Schultern bewegen, geschweige denn gehen konnte, war ich sehr auf Hilfe angewiesen. Und so weilte ich bei meiner Mama, bis ich einen Platz in einer Rehabilitationsklinik bekam. Diese Tage waren sehr schlimm. Ich war auf ständige Hilfe angewiesen und hatte brennende, stechende Schmerzen bei der geringsten Bewegung. Meine Mama musste mir aus dem Bett helfen, mich anziehen; sie musste mich bei allem unterstützen, was man sonst so selbstverständlich selbst macht. Unsere Hausärztin kam fast täglich zu Besuch, und manchmal waren die Schmerzen trotz Medikamenten immer noch so heftig, dass sie mir Spritzen geben musste.

Vier Wochen später erhielt ich endlich einen Platz in einer Rehaklinik, ich wurde nach Baden eingewiesen. Der Versuch, mich in einem 3er-Zimmer mit zwei älteren Damen unterzubringen, die bei meiner Ankunft gerade »Siesta« hielten und vor sich hin schnarchten, scheiterte sofort. Schnell realisierte ich, dass ich das jüngste Mitglied in diesem Club war und bestand auf einem Einzelzimmer als Privileg. Ein gut bezahltes »Upgrade«, versteht sich.

Das Durchschnittsalter war 70 aufwärts. Mein Frühstücks-, Mittags- und Abendtisch bestand aus einer 86-jährigen Frau, einem 93-jährigen Mann, dessen Gehör fast nichts mehr aufnehmen konnte, und einer 91-jährigen Frau, die ebenfalls unter Verständigungsschwierigkeiten litt. Und da war ich. Mein Durchhaltevermögen wurde auf die Probe gestellt. Mir blieb nichts anderes übrig, als mich der Situation hinzugeben.

Ich integrierte mich ziemlich schnell. Das Rezept war, mit Humor durch schlimme Momente des Lebens durchzugehen und hie und da mal über sich selbst zu lachen. Ich versuchte, die Situation aus einem anderen Blickwinkel zu sehen, denn ältere Menschen haben ihre Weisheiten und Geschichten. Ich gewann neue Freunde. Ich half ihnen mit ihren Rollstühlen und Gehstöcken und erfuhr viel über ihre Lebensgeschichten. Manche sahen in mir die Enkelin, die sie nie hatten, was mir in meinem eigenen Zustand des Leidens ein schönes Gefühl gab. Nach einem sechswöchigen Aufenthalt mit vielen Therapien wurde ich nach Hause geschickt. Einer der Therapeuten aus der Rehaklinik empfahl mir eine Physiotherapie in Zürich, wo ich mich gleich anmeldete. Jetzt musste ich mit einem Berg von Medikamenten den Versuch starten, mich im Alltag zurechtzufinden.

Die Physiotherapie zählte zu meinen Höhepunkten. Ein ein Meter neunzig grosser holländischer Engel mit wuscheligem Haar begleitete mich fast täglich durch Therapie und Schmerz. Heute kann ich sagen, diese Frau war eine Therapeutin, wie es sie selten gibt; sie bewies Menschlichkeit und konnte wirklich nachfühlen, wie es einem geht und was man alles durchmacht. Ein Mensch, der das Leid des anderen nicht als Jobroutine sah und die vorgeschriebenen 30-minütigen Therapien in ein- bis zweistündige Therapiesitzungen umwandelte. Heute zählt dieser Engel zu meinem engsten Freundeskreis.

Machtkämpfe um Geld und Versicherung

Als ich aus der Rehabilitationsklinik zurück war, meldete sich eines Tages eine Case-Managerin von der Unfallversicherung. Sie wollte mich treffen und kennenlernen. Sie stellte sich als eine mir von der Versicherung zugeteilte Vertrauensperson vor. Mit ihr sollte ich mich über mein Wohlbefinden austauschen. Wir trafen uns drei bis vier Mal und immer fand ich die Begegnungen mit ihr ziemlich anstrengend und suspekt. Irgendetwas in mir schien diese Person weder zu mögen noch ihr zu vertrauen. Tagsüber wollte sie mich in Bars treffen oder schlug andere Orte vor, wo laute Gespräche geführt wurden und Hintergrundmusik lief. Ich war mir nicht sicher, ob diese Person meinen derzeitigen Zustand, in dem ich immer noch Schmerzen hatte und empfindlich auf Lärm reagierte, ernst nahm. Oder wollte sie einfach nur testen, ob das alles stimmte? Hatte sie denn das Recht dazu?

Aus dem Freundeskreis wurde mir angeraten, mich mit einem Anwalt in Verbindung zu setzen, der sich um meine Unfallangelegenheiten kümmern sollte. Anfangs sträubte ich mich dagegen, doch

23

heute würde ich jedem Geschädigten einen Anwalt anraten. Eine Bekannte meiner Schwester empfahl mir eine sehr gute Anwältin. Da diese selbst einmal einen Unfall hatte, wusste sie aus eigener Erfahrung, auf welche Details man in Unfallangelegenheiten achten musste. Vor allem über die Art und Weise, wie Unfall- und Rehaberichte verfasst wurden. Meine Anwältin erwies sich als sehr smart und vertrauenswürdig. Immer wieder legte sie Einsprache ein bezüglich der verfassten Ärzteberichte der Kliniken. In zwei Jahren wurde ich in drei Rehabilitationskliniken eingewiesen. Die erste Reha dauerte sechs Wochen, die zweite drei Wochen und die dritte hätte ebenfalls drei Wochen dauern sollen, ich wurde aber nach zwei Wochen plötzlich entlassen. An einem Samstagmorgen kam der Oberarzt in mein Zimmer und wies mich darauf hin, dass die Versicherung nur einen zweiwöchigen Aufenthalt bezahlen würde. Er würde das auch nicht verstehen, da mir noch eine weitere Woche intensiver Therapien gut tun würde. Auf jeden Fall sollte ich meine Sachen packen und nach Hause gehen.

Hatte die Versicherung das Recht gehabt, diesen Entscheid zu fällen, ohne mich vorher zu informieren?

Verständnislos packte ich sofort meine Sachen und ließ mich von meiner Familie abholen. In den Berichten war zu lesen, welch grosse Fortschritte ich in diesen zwei Wochen gemacht hätte und dass ich wieder meine Arbeit aufnehmen könnte. Wichtige Anamnesen wie Schleudertrauma wurden in allen drei Berichten ausgelassen. Auch in den Operationsberichten waren wichtige Punkte nicht aufgeführt.

Wurde es einfach vergessen, oder steckten Absicht und Strategie dahinter? Wollte mich die Unfallversicherung schnell wieder am Arbeitsplatz integriert sehen, damit mein Fall abgeschlossen werden konnte?

Bei der zweiten Operation, bei welcher die Platte mit den Schrauben an meinem Schlüsselbein entfernt werden sollte, erhielt meine Physiotherapeutin eine spezielle Erlaubnis, mit dabei zu sein, da sich herausstellte, dass sie den Chirurgen kannte. Da ich bei der ersten

Operation ein schweres Operationstrauma erlitten hatte, war ich sehr froh darüber, eine vertraute Person dabei zu haben. Ich erkannte, dass dies eine riesengrosse Ausnahme war.

Bei der zweiten Operation hatte ich – gemäss den Erzählungen – Schwierigkeiten, mein Bewusstsein wiederzuerlangen, vermutlich, da der erste Schock noch ziemlich tief sass. Nichts davon wurde in den Berichten vermerkt.

Es fehlten auch wichtige Fakten über den Grund meines Unfalles, die Asphaltlöcher. Obschon die Polizei an Ort und Stelle war und einen Rapport schrieb. Eine Woche nach meinem Unfall, als wir die Unfallstelle anschauen gingen, stellten wir fest, dass Abschnitte des Passes neu geteert waren, sodass keine Schlaglöcher mehr zu sehen waren.

Mit der Zeit fing die Unfallversicherung an, Berichte meines behandelnden Unfallarztes zu hinterfragen. Sie wollte eine Sitzung mit meinem Arzt und mir vereinbaren, um sich selbst ein Bild von meinem Zustand zu machen.

Die Sitzung fand eine Woche später statt. Anwesend waren zwei Vertreter der Unfallversicherung, der Personalchef meines Arbeitgebers, meine Anwältin, mein Arzt und ich. Mein Arzt erwähnte zu Beginn, dass in seiner langjährigen Erfahrung so etwas noch nie stattgefunden hätte. Meine Anwältin machte sämtliche Notizen über das Besprochene. Ein paar Tage später wurde ein Sitzungsprotokoll von der Versicherung verfasst, welches stark von dem meiner Anwältin abwich. Inhaltlich wurden die Worte meines Arztes verdreht. Meine Anwältin korrigierte sämtliche Fehlaussagen, verfasste ein neues Sitzungsprotokoll und bat um eine Stellungnahme. Diese steht heute noch aus. Hätte ich dies selbst nicht erlebt, würde ich solchen Geschichten keinen Glauben schenken.

Die Geschichte ging weiter. Die Versicherung schlug vor, mich von einem »neutralen Institut« begutachten zu lassen, um sicherzustellen, ob ich wirklich an den vorgegebenen Stellen Schmerzen litt. Wären die Schmerzen krankheitsbedingt gewesen, wäre der Unfallversicherungsfall abgeschlossen. Ich bekam die Einladung mit den vorgeschlagenen Begutachtern. Als meine Anwältin die Liste durchging, fand sie heraus, dass es keine »neutralen« Begutachter waren. Einige hatten früher für die Versicherung gearbeitet, und sie lehnte deshalb das vorgeschlagene Institut ab.

Kurze Zeit später wurde ich an zwei weitere Begutachtungsinstitute verwiesen, bei welchen meine Anwältin wieder herausfand, dass diese mit der Unfallversicherung zu tun hatten. Meine Anwältin schrieb einen Bericht und erklärte, dass ich unter diesen Umständen – von wegen »neutrale Begutachter« – den Untersuchungstermin nicht antreten würde. Ein paar Tage später bekam ich ein Schreiben mit dem Vermerk, dass ich meine Mitwirkungspflichten verletzt hätte. Begründung: Ich hätte die Untersuchungen verweigert. Trotz Einspruch erhielten wir nie eine Antwort. Stattdessen wurden meine Versicherungsleistungen sofort eingestellt, und ich musste ab diesem Moment für sämtliche Therapien selbst aufkommen. Einige konnte ich unter Abzug eines Selbstbehaltes über die Krankenkasse abrechnen lassen, andere habe ich aus eigener Tasche bezahlt. Mein Unfall ist heute über zehn Jahre her, das Bankkonto leer und der Versicherungsfall ist immer noch nicht abgeschlossen.

Trotz harter Lektionen meint es jemand gut

Mehrmalige Wiedereingliederungsversuche in meine Arbeit scheiterten. Die vielen Schmerzen – Kopfschmerzen, Nackenschmerzen, Schulterschmerzen, dazu die Lärmempfindlichkeit – liessen keinen Arbeitsversuch mehr zu. Eines Tages erhielt ich die Aufforderung, mich beim Personalbüro zu melden. Ich folgte der Einladung und hatte ein ungutes Gefühl. Mein Arbeitsvertrag wurde zwei Jahre nach dem Unfall beendet. Durch rechtliche Schritte meiner Anwältin wurde mir vorübergehend eine minimale Rente zugesprochen.

Trotz der vielen Schmerzmittel verlief der Heilungsprozess sehr zögerlich und unter akuten Schmerzen. Nur minimale Verbesserungen zeigten sich. Auch nachts plagten mich Beschwerden, aufgrund derer ich weder Ruhe finden noch durchschlafen konnte.

Die Ärzte sprachen von chronischen Schmerzen und einem CRPS, einem komplexen regionalen Schmerzsyndrom, welches sich um den Bereich des Schlüsselbeines gebildet hatte. Die Stelle war äusserst empfindlich, was sich durch einen brennenden, stechenden Schmerz äusserte. Warum liessen die Schmerzen nicht einfach nach? Mein Alltag bestand nur noch darin, Ärzte zu besuchen und die verschiedensten Therapien zu machen. Physiotherapie, Osteopathie, Schmerztherapie, Wassertherapie und eine Psychotherapie, da sich mein Arzt sorgte, dass ich in tiefe Depressionen fallen könnte.

Ich kam an einen Punkt, an dem ich nicht mehr weiter wusste. Heute kann ich sagen: Dank meiner Familie, die mich so sehr unterstützt hat, dank meiner Schwester, die für ständigen Tapetenwechsel sorgte, und dank meinen zwei Therapeuten in Osteopathie und Physiotherapie gelang es mir, meinen Optimismus aufrechtzuhalten. Ich hatte den festen Glauben, dass in schwierigen Zeiten jemand von oben auf uns schaut. Dass es das Göttliche gibt, dass es uns hört und hilft, wenn wir um Hilfe bitten. So fing ich an, um Hilfe und Rat zu bitten.

An den Nachmittagen nach den Therapien, wenn es meine Kraft noch zuliess, ging ich spazieren. Im Wald und in der Natur konnte ich Kraft tanken und meine Gedanken ordnen.

Eines Tages, als ich über ein Feld spazierte, hörte ich das Bellen von kleinen Hunden. Ich ging diesen Weg zum ersten Mal und folgte dem Laut, der mich zu einer Hundezucht führte. Sogleich kam ich ins Gespräch mit der Hundezüchterin, welche mir erzählte, dass eine Hundemama vor Kurzem sechs Welpen auf die Welt gebracht habe. Ich hatte schon immer eine Schwäche für Hunde gehabt, vor allem für die kleinen, und fragte sie, ob ich nicht kurz die Welpen anschauen dürfe. Sie war sehr nett, nahm mich mit rein, zeigte mir die Welpen und lud mich zu einem Kaffee ein.

So sassen wir schliesslich in ihrer Küche, tranken Kaffee und redeten über Hunde. Ich erzählte ihr davon, wie ich als Kind einmal am Fussgängerstreifen von einem Auto erfasst wurde und einen Schock erlitt, der so tief sass, dass ich über einen Monat nicht mehr redete und nur Zeit mit einem Hund verbrachte.

Während ich erzählte, raste plötzlich ein junger Cockerspaniel in die Küche rein, kam direkt auf mich zu und sprang mir auf den Schoss. Was ist denn das für ein niedlicher kleiner Frechdachs?, dachte ich begeistert. Sein Name war »Bonito«, und er war erst sieben Monate jung. Auf meinem Schoss liegend, drehte er sich auf den Rücken und streckte alle vier Pfoten in die Luft, um auf diese Weise noch mehr Streicheleinheiten zu bekommen. Ich war sprachlos angesichts von so viel Niedlichkeit und Flausch. Ich fragte die Hundezüchterin, ob ich mit ihren Hunden auf einen Spaziergang gehen dürfte. Sie erzählte mir die Geschichte von Bonito und dass sie jemanden suche, der übers Wochenende auf ihn aufpassen könne. Bingo, da war ich auch schon.

Aus dem Wochenende wurden knapp neun Jahre. Bonito war mein wichtigster Begleiter. Er war da, als ich jemanden brauchte, und ist es auch heute noch. Ein treuer Freund in jeder Hinsicht.

Mein Leben schien plötzlich an Bedeutung gewonnen zu haben. Ich hatte aus dem Nichts heraus einen Hund, eine neue Lebensaufgabe und wurde vor viele neue Herausforderungen gestellt. Ein Hund bedeutet Verantwortung, er ist weit mehr als ein niedliches Kuscheltier für zu Hause. Ich meldete uns bei einer Hundeschule an, zum gemeinsamen Lernen. Schnell fielen wir bei Hund und Hundehalter auf. Bonito und ich waren seit dem ersten Moment ein eingeschweisstes Team.

Im Hundetraining war Bonito auf eine raffinierte Art und Weise den anderen Kleinhunden gegenüber überlegen. Er war blitzschnell und schlau. Immer wieder kam es vor, dass er anderen Hunden die Belohnungsgoodies stahl, welche der Hundetrainer mit grosser Sorgfalt in der Erde versteckte. Bei Geschicklichkeitsübungen mogelte er sich durch und gab mit seinen grossen Augen an, der Beste zu sein, um die vorgesehene Wurst zu bekommen. An mir lag es dann, zu schimpfen und den Hund zurechtzuweisen. Tat ich aber nicht. Im Gegenteil; ich amüsierte mich und war sehr stolz auf ihn. Innerlich dachte ich: »Well done, dogy, so hätte ich das auch gemacht!« Auch der Versuch, an der Grosshundegruppe teilzunehmen, brachte nicht

viel, da Bonito den grossen Hunden wieder überlegen war und klar zeigte, wer hier das Sagen hatte. Nun ja, mir war bewusst, dass ich mir keine Freunde machte. Bonitos Charme, seine Schnelligkeit und sein raffinierter Verstand sprengten so den Rahmen, dass der Hundetrainer mich bald von allen Trainings suspendierte. Tja, so waren Dogy und ich auf uns selbst gestellt.

Ich schlug eine andere Richtung der Hundeerziehung ein. Nicht die befehlerische und disziplinierte Art zwischen Hund und Hundehalter, sondern ich lernte, die Sprache von Intuition, Gefühlen und Liebe dem Tier gegenüber auszudrücken.

Hunde haben eine äusserst scharfe Wahrnehmung. Sie riechen und fühlen viel intensiver als wir und wissen, bevor wir es wissen, was für uns gut ist und was nicht. Bonito zeigte mir viele neue Facetten des Lebens auf. Ich erhielt zahlreiche Botschaften. Über diesen Weg lernte ich selbst in Gefühlszustände zu gelangen und mit Gefühlen klarzukommen, was ich bis dahin nicht wirklich kannte oder einfach nicht getan hatte. Verdrängen war ja meine Überlebensstrategie. Eines Tages kam ich zu der Überzeugung, dass mein Dogy mir etwas beibringen wollte.

Ich dachte immer intensiver über mein Leben nach. Hinterfragte, warum dieser Unfall geschehen ist und warum gerade mir. Warum diese Verzögerung im Heilungsverlauf? Warum die Kündigung und warum dieses Verhalten der Unfallversicherung? Ich traf ein Abkommen mit meinem Selbst: Ich kümmerte mich nicht mehr um die Versicherungsangelegenheiten, denn ich verschwendete viel zu viel Energie und Emotionen. Dafür hatte ich ja schließlich die Anwältin. Ich musste meinen Fokus und meine ganze Kraft auf mich lenken, um in der Lage zu sein, neue Wege zu finden und wieder zu funktionieren. Ich wollte weg von Schmerzen und Schmerzmitteln und ich musste mich selbst zurückgewinnen. Mein Vertrauen in mich.

Die Reise beginnt –
Das Leben geht auf Kurs

Tatsache war, dass ich vor vielen Jahren tief in meinen Gefühlen verletzt wurde und diese Trauer noch immer in mir trug. Auch gewisse Herzensangelegenheiten machten es nicht immer einfach. Ich wollte den unschönen Gefühlen keine Aufmerksamkeit schenken und ihnen keinen Raum geben. Ich zog es vor, sie zu verdrängen.

Ablenkung war die Strategie. Im Verdrängen sind wir doch alle Meister, oder? Als Kind gab es zu Hause oftmals Konflikte. Verbale sowie auch körperliche Auseinandersetzungen. Streitereien gehörten fast zur Tagesordnung. Mein Vater litt seit Jahren an Asthma und einer schweren Lungenkrankheit und konnte nicht mehr arbeiten. Unser Zuhause, d.h. das Schlafzimmer meiner Eltern, ähnelte einer Apotheke mit Atmungsgeräten. Meine Mama arbeitete viel, meistens Schichtarbeit, um Kinder und Haushalt zu meistern. Meine Schwester wurde, da sie zwei Jahre älter war, in die Verantwortung genommen, sich um mich zu kümmern. Heute noch trägt sie diese Verantwortung in sich. Als ich 18 Jahre alt war, verstarb mein Vater. Er war in seinem Leben dermassen eingeschränkt, dass er keinen Ausweg mehr wusste. Kurze Zeit zuvor war er in eine Klinik in Davos eingewiesen worden, um sich speziellen Lungentherapien zu unterziehen. Ich verweilte zwei Wochen bei ihm in der Klinik, wo ich ein kleines Mansardenzimmer bezog. In der Schule erzählte ich, dass ich in Davos Skiurlaub mit meinem Vater machte. Ich liebte meinen Vater, trotz seiner vielen Fehler. Trotz seiner groben Art meiner Mutter und Schwester gegenüber. Trotz seiner Alkohol- und Spielsucht. Lange konnte ich über das, was geschehen war, nicht sprechen. Ich schämte mich dafür. Heute sehe ich die Situation so, dass er meiner Mutter ein wunderbares Geschenk gemacht hat. Er hat ihr zwei Kinder geschenkt, auch wenn er ihr selten als Ehemann zur Seite stand. Ich konnte ihm aber verzeihen. Heutzutage schätze ich mich sehr glücklich, eine so tolle Schwester an meiner Seite zu haben und eine Mama, die griechische Mama durch und durch ist und ihre tiefe Liebe für uns stets zum Ausdruck bringt.

In jungen Jahren liess ich in meinem Innern weder Trauer noch Mitgefühl zu. Ich wollte dem Durcheinander von zu Hause nach dem Tod meines Vaters einfach nur entfliehen. Da ich mitten in meiner Ausbildung war, bekam ich die Möglichkeit, einen dreimonatigen Sprachaufenthalt in Paris zu absolvieren. So konnte ich endlich weg von dem ganzen Rummel. Niemand kannte mich, und meine Geschichte brauchte ich nur denen erzählen, denen ich sie erzählen wollte.

Auch Liebesdramen gab es immer wieder. Ich verliebte mich in Männer, die mich nicht wollten, und die, die mich liebten, wollte ich nicht. Vor meinem Unfall verbrachte ich viel Zeit mit einem Mann. Ich glaube, er fand mich auch ganz nett. Wir unternahmen eine Menge und lachten viel zusammen. Jedoch war es schwierig, ihm näherzukommen. Immer wieder tischte er mir kleine Notlügen auf und erfand Gründe, um kurzfristig unsere Treffen abzusagen. Ich war mir sicher, er hütete ein Geheimnis, doch ich sprach es nie an. Als ich meinen Unfall hatte, kam er am ersten Besuchstag zu mir ins Zimmer. Zum ersten Mal sprachen wir über Gefühle und er lüftete sein Geheimnis: Er stand kurz davor, Vater zu werden und war in Hochzeitsvorbereitungen. Später bekam ich eine Geburtsanzeige, aus der ich erfuhr, dass sein Kind meinen Namen trug. Während meines Rehaklinikaufenthaltes bekam ich eine Hochzeitseinladung, um im engsten Kreise der Freunde mitzufeiern. Ich hielt mich von allem fern. Ich drückte ihm jedoch meine Liebe aus und wünschte ihm alles Glück der Welt.

Zeit, aufzuräumen

Wie konnte ich mich von meinen Schmerzen befreien, wenn ich solch einen schweren Rucksack mit mir trug? In der Zwischenzeit wurde mir einiges bewusst.

Symptome sind ein Ausdruck der Seele und Schmerzen sind ein Ausdruck von unterdrückten Gefühlen. Hätte man wirklich in der Lage sein können, sich zu verlieben, wenn man an alten Liebschaften festhielt? Wie konnte ich in der Lage sein, meine Trauer aufzuarbeiten, wenn ich mein Vater-Thema nie ansprach und in all den Jahren stets verdrängt hatte? Meine grösste Angst war, mich meiner Gefühlswelt zu stellen. Eine Angst steckte in mir fest, doch wovor genau hatte ich eigentlich Angst?

Eines Tages erhielt ich von meiner Osteopathin ein Buch über Selbstheilungskräfte: Kräfte, die in unserem Innern verborgenen sind. Ich fing an dieses Buch zu lesen, was mich schon zu Beginn ziemlich durcheinander brachte. Zum ersten Mal las ich von etwas, das in unserem Verborgenen weilt. War es wirklich möglich, sich selbst zu heilen? Wie sollte das denn funktionieren?

Ich verschlang das Buch in kürzester Zeit und es machte etwas mit mir. Als ich am Ende angelangt war, sah ich auf der letzten Seite die Kontaktdaten des Autors. Ohne zu zögern nahm ich Kontakt mit ihm auf und meldete mich gleich für sein Seminar in München an. Mein erstes »Aufräum-Seminar« stand mir bevor, und natürlich behielt ich dieses Abenteuer für mich. Ausser meinen zwei Therapeuten hatte ich zu diesem Zeitpunkt niemanden, mit dem ich über solche Themen hätte sprechen können. Auch mein Freundeskreis veränderte sich mit der Zeit. Neue Freunde kamen hinzu und alte Freundschaften, welche mit meiner Situation nicht klarkamen, liess ich los.

Den Wandel, den wir in unserem Inneren durchmachen, macht auch das Aussen mit. Das Äussere spiegelt unser Inneres wider. In der Zeit, in der ich meine Geheimnisse und Altlasten in meinem Inneren hütete, stiess ich auf Menschen, die ebenfalls vor verschlossenen Gefühlen standen. Oberflächliche Gespräche über die neusten Modetrends, Gespräche über die Arbeitswelt mit viel Klatsch und Tratsch gehörten zur Normalität. Niemand wusste wirklich, wie die Innenwelt des Anderen aussah. In dem Moment, in dem ich bereit war, mich zu öffnen, traf ich auf Menschen, die auch über sich sprechen konnten. Belangloses Gerede verlor immer mehr seinen Reiz.

Im Seminarraum sitzend, war ich anfangs sehr mit dem Aussehen der anderen Teilnehmer beschäftigt. Mir fielen die etwas merkwürdigen Kleider und Schuhe auf, die überhaupt nicht meinem Geschmack entsprachen. Ich war wohl die einzige, die coole Jeans mit Bluse und Boots trug. Viele hatten Strickjacken an, übergrosse Wollpullover mit selbst gestrickten Schals und trugen dicke Socken in Birkenstock-Sandalen an den Füssen. Auf den Business-Seminaren hatte das ganz anders ausgesehen. Aber jetzt befand ich mich zum ersten Mal auf einem spirituellen Seminar. Spirituell, weil es um innere Arbeit ging. Wen kümmert da schon das Aussehen. Mit einem Schmunzeln wand ich meinen Blick wieder ab und richtete meinen Fokus auf das Wesentliche, nämlich den Grund, warum ich eigentlich in diesem Seminar war. Ich wollte Erfahrungen sammeln und nicht das Aussehen anderer bewerten, die ich nicht kannte und die mir eigentlich auch egal waren.

In diesem Seminar lernten wir, wie man mit seiner Seele in Kontakt treten kann. Für eine Nachtübung sollten wir Papier, Schreibutensilien und Taschentücher in der Nähe des Bettes bereithalten. Taschentücher? Ja, Taschentücher waren sehr wichtig. Wenn man in der Nacht aufwachen sollte, musste man etwas aufschreiben. Ich hatte keine Ahnung, auf was ich mich da eingelassen hatte. Es sollte ein Brief an meine Seele werden – wie sollte das gehen? Da ich nicht mehr durchschlafen konnte, wusste ich, dass ich aufwachen würde. Aber dann einfach drauflosschreiben?

Mitten in der Nacht wachte ich mit Herzklopfen auf. Ich blickte auf das leere Blatt Papier und mir war bewusst, dass die Arbeit jetzt anfangen würde. Als Erstes notierte ich oben rechts Ort und Datum, gefolgt von meiner Adresse, um mich aufzuwärmen. Danach folgte der Titel: »Meine liebe Seele ...« Ohne lange zu zögern schien die erste Hürde überwunden zu sein. Ich hatte das Datum und den Titel. Als Nächstes schrieb ich: »... ich hab dich lieb.« Und machte eine Pause. Plötzlich überkamen mich Gefühle, Tränen flossen über meine Wangen. Der Moment war gekommen. Ich begann Zeile um Zeile zu schreiben. Sie schrieben sich fast von selbst. Zu meinem Erstaunen fühlte ich nach langem Schluchzen und Schreiben Erleichterung und ich konnte wieder einschlafen.

Diese Übung war äusserst intensiv und sehr hilfreich. Ich spürte einen Wandel in meinem Innern. Ich fing an, Nacht für Nacht an mir zu arbeiten und trat so mit meiner Seele, vermutlich zum ersten Mal, bewusst in Kontakt. Sämtliche Gefühle, die hochkamen, schrieb ich auf. So fanden zu meinem grossen Erstaunen auch Gedichte ihren Platz auf dem Papier.

Die Botschaft des Körpers
Das Schlüsselbein ist geflickt, die Schulter aber zwickt.
Die Nerven brennen wie Flammen, die tanzen und rennen.
Das Gefühl ist taub, das Bein auch.
Der Nacken knackst, die Muskeln sind hart, der Rücken ist steif,
das Herz rast, der Kopf pocht, was noch?
Tabletten und Schmerz, ihr seid im Hoch, doch wie lange noch?
Die Party lasst uns bald feiern, Sonne lass dich erscheinen.
In Glaube, Hoffnung und Zuversicht
Freitag, 25.05.2007, 5.05 Uhr

Mein Unfall, mein Glück. Ist das nicht verrückt?
Es braucht viel Zeit, um es zu verstehen,
denn ich wollte und konnte es nicht sehen!
Warum, warum, das war die Frage mit viel Zweifel alle Tage.
2½ Jahre nach dem Unfall geht das Licht auf,
von nun an geht's bergauf.

Neue Wege haben sich geöffnet.
Die grösste Angst war, MICH zu öffnen!
Der Osteopathin mein Dank,
sie gab mir den Wank mit einem Buch in der Hand.
Rein in die Seele soll ich schauen, und mir dabei vertrauen.
Es ist hart, doch das ist der Weg.
Steinig und holprig, so soll es sein, denn befreit will ich sein.
Liebe & Glück, ich weiss, ihr findet zu mir zurück

Donnerstag 05.07.2007, 23:00 Uhr

Du grosses Sein
Tief im Herzen fühl ich mich nicht mehr allein
Ich war blind & durch den Wind.
Verbohrt in meine dunkle Angst,
machte es mich fast krank,
als ich tief in meinen Körperschmerz versank.
Heute fühle ich die Liebe, mit der Echtheit der Gefühle.
Im Innern mit den Tränen berührt, ist mein Herz erglüht.
Ich kämpfe nicht mehr dagegen. Ich weiss, du grosses Sein,
wirst immer bei mir sein und mit mir »EINS-SEIN«.
Ich spüre die Kraft der Liebe, vertraue meinem Geist
und liebe meine Seele.
Ich bin bereit auf die Reise zu gehen,
alles Weitere lass ich geschehen.
Tolles & Schönes will ich sehen.

Mittwoch, 14.11.2007, 5.15 Uhr

In der Physiotherapie merkten wir, wie sich langsam Fortschritte bemerkbar machten. Da meine Physiotherapeutin meine engste Vertraute war, besprach ich alles mit ihr. Sie hatte eine gute Verbindung zu meinem Arzt und sie tauschten sich aus.

Von meinem Arzt wurde ich dann an einen Schweizer Top-Schmerzspezialisten im Unispital Zürich verwiesen. Dieser Spezialist sah nur einen Weg, meine Leiden zu durchbrechen: Im Zyklus von zwei Monaten sollte ich sogenannte Stellatumblockaden vornehmen. Das heisst, mir wurde eine Spritze in den Hals eingeführt, deren Flüssigkeit meine ganze linke Seite von der Schulter abwärts bis in die Fingerspitzen vorübergehend lähmte. Als würde man beim Computer den Resetknopf drücken. Der Bildschirm wird schwarz, bis sich langsam die Computerprogramme wieder hochfahren. Meine Physiotherapeutin begleitete mich. Es waren sehr schmerzhafte Eingriffe, nach denen mich immer jemand nach Hause begleiten musste. Insgesamt liess ich vier dieser Behandlungen zu. Beim vierten Mal waren die Schmerzen und die Angst so gross, dass ich Atemnot bekam und auf die Überwachungsstation gebracht werden musste. Als ich mich etwas erholt hatte, bat ich meine Physiotherapeutin, mich auf der Stelle da rauszubringen. Sie packte mich um die Hüfte und trug mich hinaus, hinaus an die frische Luft, hinein ins Leben.

Nie wieder liess ich so etwas über mich ergehen.

Der Weg zur Physiotherapie
Mein Weg hat mich zur Physio geführt.
Dort hab ich mich gleich wohl gefühlt.
Sie ist ein Profi, ich habs gleich gespürt, als sie mich hat berührt.
Sie gibt mir Kraft und macht mich stark,
sie ist einfach wunderbar!

Mit Ratschlägen steht sie mir bei,
nie reden wir um den Brei.
Ich muss viel üben und trainieren, sie tut mich massieren.
Ihre Hände kräftig wie Stahl, weh getan hat's auch schon mal.
Cleopie & Aphroli haben wir uns genannt,
nach den Fangos so benannt.

Warme Tücher an den Rücken,
bald konnte ich mich wieder bücken.
Durch schwere Zeiten hat sie mich begleitet,
als ich gewusst hab nicht mehr weiter.
Durch Operationen und Injektionen, das waren harte Lektionen.
Es geht bergauf,
noch haben wir den Schnauf, denn die Schulter ist bald munter
☺
Ab und zu auch mal eins trinken,
♪ retten wir uns vor dem Ertrinken.
Cabernet Sauf-Mich-Krum, der haut uns bestimmt nicht um.
Von Herzen alles Liebe, mit grossem Dank
Montag, 18.06.2007

Wo ein Wille ist,
ist auch ein Weg

Eines Tages begann eine leise, innere Stimme mit mir zu sprechen. Mein Selbstvertrauen fing an zu wachsen und ich hatte das Gefühl, dass der Moment gekommen war, die Verantwortung für mich zu übernehmen.

Ich verspürte einen Drang, sämtliche Therapien abzubrechen. Meine innere Stimme wurde so stark, dass ich eines Tages trotz Schmerzen sämtliche Medikamente die Toilette runterspülte. Ich wollte mein eigener Herr sein und mich nicht mehr von Medikamenten abhängig machen. So setzte ich dies in die Tat um und war stolz auf mich, dass ich die Kraft dazu hatte.

Die ersten Tage waren sehr schlimm. Noch mehr Schmerzen machten sich an Schulter, Nacken und Kopf bemerkbar. Starkes Schwitzen mit einem sehr unangenehmen Körpergeruch bei der geringsten Bewegung waren die Folge, vor allem aber nachts. Und noch mehr unerwünschte Gefühle kamen hoch. Dies war wohl der Anfang eines

Medikamentenentzuges. Ich realisierte erst jetzt, wie sehr ich den Medikamenten ausgeliefert war.

Ich schrieb fast jede Nacht auf, was in meinem Innern vorging, versuchte die Art der Gefühle herauszufinden, meistens aber wandelten sich die Gefühle in ein tiefes Verständnis und tiefe Liebe meines Selbst.

Mit meiner Physiotherapeutin erarbeiteten wir einen Trainingsplan. Ich hatte ein Jahresabo in einem Fitnesscenter, welches ich immer wieder erneuern liess, ohne es zu gebrauchen. Das Training bestand aus täglichem Schwitzen auf dem Crosstrainer, um auf diesem Weg das Gift der Medikamente aus dem Körper rauszuschwitzen. Die Nebenwirkungen, die solche Medikamente in unserem Körper hinterlassen, sind enorm. Ich besorgte mir neue Lektüre und wandelte das Training zum spannenden Bücherlesen um, damit es mir nicht langweilig werden konnte. Ich schwitzte täglich ein bis zwei Stunden. Nach dem Training ging ich in die Physiotherapie, wo die Therapeutin meine Muskeln auflockerte und mich in heisse Fangowickel einpackte. Ich vertraute ihr und mir, dass wir zusammen in der Lage sein würden, diese massiven Schmerzen zu beseitigen. Die neue Lektüre half mir dabei, eine andere Sichtweise zu bekommen.

Bei einem Spaziergang mit meinem Dogy stiess ich auf ein weiteres Buch. In einem Schaufester fiel mein Blick auf den Titel »Die andere Verbindung«. Ich wurde neugierig, ging in den Laden rein und kaufte mir dieses Buch. Am nächsten Tag im Training fing ich gleich an, darin zu lesen. Es war ein weiteres Buch, das mich zuerst erschreckte, mir aber die Augen öffnete.

Wieder nahm ich Kontakt mit dem Autor des Buches auf und besuchte kurz darauf einen Abendvortrag in Zürich-Albisgüetli. Bei diesem Vortrag nahm der Autor Kontakt mit Menschen auf, die verstorben waren. Ich hatte grossen Respekt und zugleich war ich fasziniert. Ich hätte nie gedacht, dass so etwas möglich ist. Immer wieder nahm der Autor Jenseitskontakte auf und übermittelte den betroffenen Menschen im Raum Botschaften. Diese Botschaften schienen sehr hilfreich zu sein, denn grosse Emotionen waren zu sehen. Die einen erhielten

Botschaften, um über ihre Trauer hinwegzukommen, und andere erhielten wichtige Informationen für ihren weiteren Lebensweg. Ich schrieb jedes Beispiel auf und sah bei jedem Betroffenen ein Leuchten in den Augen und eine tiefe Erleichterung. Ich war sehr berührt davon, mit dabei zu sein und zu erleben, was dies in den Menschen auslöste. Natürlich löste dieser Abend auch in mir vieles aus.

Nach diesem fesselnden Erlebnis wollte auch ich eine Erfahrung machen und beschloss, mich für ein Tagesseminar anzumelden. Maximal sechs Personen durften teilnehmen und ich war »mit an Bord«. Wir mussten Papier und ein Foto von einem Verstorbenen mitbringen. Da war ich mit meinem Bild in der Hand und meinem Vater-Thema. War ich wirklich bereit, durch dieses Abenteuer zu gehen? Ich glaube, nichts hätte mich in diesem Moment aufhalten können. Nicht der geringste Zweifel war da. Die Botschaften, die ich durch meinen Dogy erhielt, und die Führung, die ich in dieser Zeit hatte, waren so was von klar, glasklar.

Dieser Tag durchbrach sämtliche Verstandes- und Denkstrukturen. Die Seminarleiterin nahm mit jedem Verstorbenen Kontakt auf. Zuerst aber mussten wir unseren Beitrag leisten. Wir tauschten die Bilder untereinander aus, und jeder von uns musste sich an einen Ort im Raum verziehen, wo er am besten ungestört arbeiten konnte. Ich verzog mich in die hinterste Ecke des Raumes, um nicht durch irgendwelche Modeaccessoires anderer Teilnehmer abgelenkt zu werden, an denen ich keinen Gefallen fand. Ich war sehr aufgeregt und musste meinen Fokus bei mir behalten. Schliesslich wollte ich endlich mit meinem Thema aufräumen. Es war mir äusserst wichtig, diese Erfahrung zu machen, denn ich erkannte einen Zusammenhang mit meinen Schmerzen. Wir bekamen Anweisungen, wie wir uns mit dem jeweiligen Bild verbinden konnten, und wurden durch eine kurze Meditation geführt. Wir waren alle sehr gespannt. Nach der Meditation mussten wir Blatt und Papier nehmen und aufschreiben, was uns das Bild erzählte. War das wirklich möglich? War ich wirklich in der Lage, eine Botschaft zu hören oder gar an einen Teilnehmer zu übermitteln?

Im ersten Moment geschah nichts. Zehn Minuten vergingen, nichts. 20 Minuten vergingen, 30 Minuten vergingen, noch immer nichts. Mein Papier war leer. Ein Blick nach hinten liess mich unruhig werden, denn eine andere Teilnehmerin hatte schon eine ganze Seite vollgeschrieben. Innerlich war ich überzeugt, dass auch ich das konnte. Ich musste es können und ich wollte es können. Es gab keinen Grund dafür, dass nur sie dies hätte können und ich nicht. Ich bewahrte innere Ruhe, und plötzlich kam der Gedanke hoch, das anzuwenden, was ich im letzten Seminar gelernt hatte. Nämlich meine Seele zu fragen. Das war es.

Ich schloss meine Augen und fing an, mit meinem Inneren zu reden. Ich fing an, Fragen zu stellen. Die ersten Worte drückten sich langsam auf dem Papier aus. Dann schrieben sie sich fast von selbst. Zu meinem Erschrecken bekam ich Hinweise über das Alter der Person, wie sie verstarb, über ihre Familienverhältnisse, ihr Suchtverhalten und vieles mehr. Ich war tief berührt. Es schrieb und schrieb und schrieb. Später legten wir eine 30-minütige Pause ein, bevor jeder Einzelne zu seiner Erzählung kam. In der Pause herrschte Stille. Niemand war wirklich in der Verfassung zu reden. Zu sehr waren wir alle aufgewühlt, und zu sehr waren wir von diesem Erlebnis berührt. Jeder wartete gespannt, wie es weiterging.

Eine der Teilnehmerinnen war mutig genug und fing an, ihre Erfahrungen mit uns zu teilen. Sie erzählte, was auf ihrem Papier stand. Die Teilnehmerin, der das Bild gehörte, stimmte mit hochrotem Kopf dem zu, was vorgelesen wurde. Sie brach in Tränen aus und erzählte uns, wie erleichtert sie darüber war, die eine oder andere Botschaft zu hören. Die Spannung war sehr intensiv und die Trefferquote ebenfalls. Meistens ergänzte die Seminarleiterin die Botschaften, die sie gerade in diesem Moment erhielt.

Nun waren nur noch die zwei letzten Bilder im Raum, von denen bislang nichts erzählt wurde. Ich wurde aufgefordert, vorzulesen. Ich zeigte mein Bild der Gruppe und begann das Geschriebene vorzulesen. Immer wieder hielt ich an und schaute mein Gegenüber an, um mich zu vergewissern, ob das, was ich gerade erzählte, tatsächlich der Wirklichkeit entsprach. Jedes Mal erhielt ich ein leichtes Nicken. Ich las weiter vor und wurde von meinen Emotionen überwältigt. In diesem Moment realisierte ich, dass ich wirklich in der Lage war, etwas über einen Menschen zu erzählen, den ich nicht kannte. Wieder ergänzte die Seminarleiterin wichtige Informationen, die sie in diesem Moment von dieser Person aus dem Jenseits erhielt. Mein Gegenüber war erfüllt, umarmte mich und Tränen liefen über seine Wangen.

Mein Herz pochte wie wild. Nun kam das letzte Bild in die Runde – mein Vater. Die letzte Teilnehmerin zeigte den anderen die Fotografie und hielt ihnen gleichzeitig ihr leeres Papier entgegen. Nichts hatte sie aufgeschrieben. Sie erzählte mir ihre Gefühle beim Anblick des Bildes. Ihr sei kalt geworden und gleichzeitig, in ihrem Innern, sehr warm. Sie war traurig und fröhlich im selben Moment.

Stimmte mit meinem Bild etwas nicht? Plötzlich spürte ich eine Erleichterung und etwas Friedliches überkam mich. Ich kann es schwer in Worte fassen, ich fühlte mich geborgen. Die Seminarleiterin begründete das leere Papier folgendermassen: Mein Vater hätte nicht gewollt, dass sie etwas über ihn aufschreibt. Er hätte ein bisschen mit ihr gespielt, und wir alle mussten lachen. Es lockerte die angespannte Stimmung etwas auf. Mein Vater hätte mir aber einiges zu berichten. Ich gab der Seminarleiterin mein Einverständnis und gleich darauf fing sie an zu erzählen.

Ein paar Tage vor dem Seminar bin ich im Internet auf einen Segelturn aufmerksam geworden. Ich konnte mich nicht entscheiden, ob ich daran teilnehmen sollte oder nicht. Immer wieder zögerte ich die Anmeldung hinaus und klappte meinen Laptop zu. Die Reise beinhaltete einen einwöchigen Segelturn in Griechenland mit einer Gruppe von Personen in meinem Alter. Die maximale Teilnehmerzahl betrug acht plus Skipper. Ich war hin und her gerissen. Sollte ich hingehen oder nicht?

Die Seminarleiterin fing an, vom Meer zu berichten und wie sehr mein Vater das Meer geliebt hätte, und ich stimmte ihr zu. Dann erzählte sie mir von diesem Segelturn, den ich kürzlich angeschaut

42

hatte, und meinte, ich solle unbedingt daran teilnehmen, mein Vater würde mich energetisch begleiten – und ich hätte viel Spass dabei. Mir stockte der Atem. Mein Kopf erhitzte sich. Ich solle mir eine Auszeit nehmen, was sehr wichtig für mich wäre. Ich sei auf einen guten Weg gekommen und würde neue Bekanntschaften schliessen. Er sei sehr stolz auf mich. Ich war überwältigt. In diesem Moment glaubte ich wirklich, die tiefe Liebe meines Vaters zu fühlen. Ich nahm diese Worte mit mir und machte mich auf den Nachhauseweg. Ich buchte guten Gewissens den Segelturn und kurze Zeit später packte ich meine Koffer, um mir eine sechswöchige Auszeit zu gönnen. Zuerst besuchte ich meine Schwester und ihre Freundin in Mykonos, danach traf ich einen meiner Cousins auf der Insel Naxos. Von dort aus nahm ich dann das Schiff nach Paros, wo ich in der dritten Ferienwoche die Segelgruppe traf. Treffpunkt war der Hafen von Paros. Ich erkannte die noch etwas blassen Schweizer sofort. Niemand kannte sich. Wir stellten uns einander vor und erledigten unsere ersten

Essenseinkäufe. Es machte alles einen entspannten, ungezwungenen Eindruck. Ich blickte in die Runde und hatte ein gutes Gefühl. Die Lust am Abenteuer liess es nicht zu, dass jemand hätte kompliziert sein können.

Nach unserem Grosseinkauf ging es aufs Segelboot. Die Gruppe erwies sich von Anfang an als ein gutes Team. Wir verstanden uns alle blendend. Ich lehrte griechische Tänze, wir lachten zusammen und das Segeln machte grossen Spass, auch wenn ich nie ein Seil in meine Hände nahm.

Wir legten an türkisblauen Buchten an, badeten, sahen die schönsten Sonnenauf- und -untergänge und liessen uns verkösten. Einer aus unserer Gruppe war ein Starkoch in einem Schweizer Hotel, und er verwöhnte uns mit seinen Kochkünsten. Wir besuchten viele kleinere Inseln, die auch ich noch nicht kannte. Es war ein Traum. Die Zeit verging viel zu schnell, und plötzlich war die Zeit des Abschieds gekommen. Die meisten flogen wieder zurück in die Schweiz, ich nahm das Schiff nach Kreta. Mir standen noch zwei weitere Urlaubswochen bevor. Ich schenkte meinen Schmerzen immer weniger Beachtung und hatte zum ersten Mal seit den vergangenen drei Jahren das Gefühl, wieder glücklich und frei zu sein. Ich war erfüllt von den vielen Eindrücken der letzten Wochen. Kreta ist meine zweite Heimat und so blieb mir viel Zeit, um zu lesen und mich zu erholen; ich nahm mir die Zeit zum Erholen einfach, die ich so dringend brauchte.

Die Liebe hat auf mich gewartet

Am Freitag, den 31. August 2007, kehrte ich braun gebrannt von meiner Reise zurück. Am gleichen Tag traf ich zufällig eine Freundin meiner Schwester, die damals im selben Ort wohnte wie ich. Wir hatten uns schon lange nicht mehr gesehen und verabredeten uns gleich für den Abend. Wir tauschten unsere Geschichten aus, denn es gab viel zu erzählen, lachten und tranken ein Glas Wein. Im Laufe des Abends liess ich mich dazu überreden, am nächsten Tag zu einem Countryfestival namens »Beef« zu gehen. Die Beef findet alle drei Jahre auf dem Pfannenstiel statt und lockt täglich, über die Dauer von drei Wochen, Tausende von Menschen an. Nach meiner Griechenlandreise mit Meer und Strand und südländischem Temperament hatte ich absolut keine Lust auf Cowboys und Countrymusik. Ich willigte aber trotzdem ein, mitzugehen, da ich keine Wochenendpläne hatte und Dogy ohnehin noch in der Hundepension weilte.

Am Samstag, den 1. September 2007, holte mich die Freundin von zu Hause ab. Wir mussten die Fähre nehmen, um auf die andere Seeseite zu gelangen. Immer wieder wollte ich sie überreden, etwas anderes zu unternehmen, anstatt an die Beef zu gehen. Sie aber bestand darauf, dort hinzugehen, da sie es mit einem Bekannten abgemacht hatte. Beim Fest angelangt, fand ich es ziemlich komisch, mich im Schweizer Countryverein aufzuhalten. Na ja, das war aber immer noch besser, als alleine zu Hause zu sitzen. Ich trug Jeans, Bluse, Turnschuhe und eine grüne Jeansweste mit Fell am Kragen. Wir hielten gleich bei der ersten Alpenbar an, tranken ein Glas Wein und amüsierten uns über die Schweizer Cowboys. Ich fing langsam an, Gefallen an dem Ganzen zu finden. Es lief lustige Musik zum Mitsingen, die sonst eher auf der Skipiste zu hören war. Der Wein schmeckte, und alles fühlte sich so »easy« an. Meine Schmerzen ignorierte ich. Lieber trank ich ein Glas Wein.

Als wir die Bar wechselten, stiessen wir auf den Bekannten meiner Freundin. Er sass an einem langen Tisch mit zehn Freunden, die er uns gleich vorstellte. Am Ende des Tisches wurde ich mit André bekannt gemacht. Mein Blick blieb bei seinen Augen hängen und mein Herz begann zu pochen. Ich erinnerte mich an die Botschaft meines Vaters, die er mir im Seminar übermittelt hatte; war das vielleicht die neue Bekanntschaft? Wir beendeten die Vorstellungsrunde und holten uns etwas zu trinken. Der Bekannte meiner Freundin machte uns Platz am vorderen Ende des Tisches, wo André sass. Wir setzten uns hin, stiessen mit der Runde an und ich ertappte mich dabei, wie meine Augen den jungen Mann von gegenüber suchten. Gespräche und lautes Gelächter über den Tisch waren zu hören. Jeder redete mit jedem. Ich nahm an den Gesprächen nicht teil. Zu sehr war ich fasziniert von dem jungen Mann, der diagonal am anderen Ende des Tisches sass. Unsere Blicke trafen sich immer wieder, wir konnten aber nicht miteinander reden, da wir beide an den Tischenden sassen. Von Zeit zu Zeit holte jemand für die Runde etwas zu trinken und wir schenkten einander ein Lächeln. Der Wein machte sich langsam in unseren Köpfen bemerkbar. Auch bei mir, da ich den ganzen Tag nicht viel gegessen hatte und mein Kühlschrank noch leer war, und so entschieden wir uns, essen zu gehen.

Die Beef war bekannt für exzellentes Fleisch vom Grill. Zu jener Zeit gehörte ich noch zu den Fleischessern, ich liebte Fleisch über alles. Als wir alle aufstanden, um uns auf dem Weg zu machen, trafen mich Andrés Blicke wieder. Ich suchte den Weg zu ihm, damit wir endlich ins Gespräch kommen konnten. Ich sah etwas in seinen Augen, was mir sehr vertraut vorkam. Wir verstanden uns auf Anhieb. Wir sprachen über Gott und die Welt und lachten. Irgendetwas faszinierte mich von Anfang an an diesem Mann. Doch was war es? Auf dem Weg zum Grillstand erfuhr ich seine Geschichte. Er erzählte mir von seiner Trennung und dass er zwei Kinder im Alter von sechs und acht Jahren habe. Genau an diesem Tag sei er in seine neue Wohnung eingezogen. Auch er wurde von seinem Freund überredet, mit an die Beef zu kommen. Er willigte ein, obwohl er absolut keine Lust auf ein Countryfestival gehabt hatte. Aber auch er dachte, dass es besser wäre, dort hinzugehen, als am ersten Abend alleine zu Hause zu sein. Wir fanden diese Parallele lustig. Wir wollten beide nicht hingehen, wurden aber dazu überredet. Der Abend war der Hit. Wir amüsierten uns und lachten. Ich ass ein 600-Gramm-Gentleman-Steak und André traute seinen Augen kaum, als ich es alleine verschlang. Heute noch redet er davon. Viel zu schnell war der Abend vorbei. So wie immer, wenn etwas Spass macht, geht die Zeit wie im Flug vorüber. André hinterliess mir seine Telefonnummer, bevor er ging. Ich speicherte sie gleich in meinem Gedächtnis. Niemals vergass ich diese Nummer. Zwei Tage später verabredeten wir uns. Es fühlte sich alles unglaublich schön an und ich fühlte mich so vertraut in seiner Nähe. Wir konnten über alles reden, was ich bis dahin nur mit meinen Therapeuten konnte. Wir sprachen über meinen Unfall, über die neuen Erfahrungen, die ich gerade machte, über seine Trennung und seine neue Lebenssituation.

Knapp drei Wochen später, am 19. September 2007, feierte ich im Bohemia, in einer Bar in Zürich, meinen 34. Geburtstag. Auch André hatte ich eingeladen; auf ihn freute ich mich ganz besonders. Diesen Geburtstag werde ich wohl nie in meinem Leben vergessen. André war und ist heute noch meine grosse Liebe, auf die ich so lange gewartet habe.

Der Weg zur inneren Reise

Mein Weg der inneren Reise hatte begonnen. André kam als grosse Stütze zu einem Zeitpunkt in mein Leben, als ich mit meiner Aufräumarbeit voll im Gange war.

Zuerst braucht es Einsicht, um zu erkennen, was in uns ist. Dann braucht es den Willen, etwas zu verändern. Und den Mut, den Weg zu gehen. Hat man Einsicht, Wille und Vertrauen, wird sich der Weg von selbst zeigen. Wichtig ist das Ziel. Die meisten von uns machen den Fehler und sind auf den Weg fixiert. Richtet man den Fokus auf den Weg, verliert man das Ziel! Das ist eine Regel im Universum. Durch den Fokus auf das Ziel ermöglicht uns das Universum den Weg. Wir müssen nur Mut, Bereitschaft und Vertrauen in uns haben, den Weg zu gehen.

Auch André war erst jetzt in der Lage, jemanden kennenzulernen, indem er sich für einen Neubeginn entschieden hatte. So konnte es die Energie erlauben, sich auf etwas Neues einzulassen.

Dadurch, dass ich mein Inneres geöffnet und mich der Trauer und den Gefühlen gestellt habe, konnte ich erfahren, was wahre Liebe bedeutet. Zu allererst gilt es, die Selbstliebe bei sich zu finden. Sich mit allen Ecken und Kanten anzunehmen und zu akzeptieren. Es gibt einen Grund, warum wir so sind, wie wir sind. Wächst die Selbstliebe in uns, können wir Liebe nach aussen verbreiten. Durch André habe ich zum ersten Mal erfahren, was Liebe eigentlich für eine Bedeutung hat und wie Liebe sich anfühlt. Wir waren nach nur 19 Tage ein Paar und ich fühlte mich vom ersten Moment an tief mit ihm verbunden. Sind solche Begegnungen wirklich Zufall?

Kurze Zeit später, nach meinem Geburtstag, erfuhr ich von einem viertägigen Schnupperseminar zur Mentaltrainerin. Ein guter Freund bat mich, ihn zu begleiten. Diesen vier Tagen schloss sich ein zweijähriger Lehrgang mit den Themen geistige Arbeit, Körperarbeit und Seelenarbeit an. Ich wollte viel lernen und war sehr fasziniert von diesem Ausbildungskonzept.

Bei der körperlichen Arbeit ging es um den Umgang mit Traumata. Wir lernten, wie man Kindheits- und Unfalltraumata – das heißt traumatisierte Energiefelder, welche im Körper festsitzen – auflöst.

Bei der geistigen Arbeit befassten wir uns mit dem Thema Astrosophie. Wir lernten das Lesen und Analysieren von Geburtsmustern. Dazu benötigt man das Geburtsdatum, den Geburtsort und die genaue Geburtszeit. Mit Hilfe eines Systems lässt sich das Geburtsmuster errechnen. Darin liest man die Themen eines jeden einzelnen, seine Fähigkeiten, Aufgaben, Stärken, den Lebensweg und vieles mehr. Planeten sind Energiefelder, welche wichtige Hinweise zur Eigenperson geben und uns helfen, uns besser zu verstehen.

Bei der seelischen Arbeit lernten wir etwas über uns selbst. Warum wir Menschen so viele Selbstzweifel und Angst in uns tragen und warum wir so viel Angst vor Veränderungen haben. Am meisten dominierend in unserer Gesellschaft ist die Angst, gefolgt von Eiversucht, Selbstzweifel, Wut, Arroganz und dem übermässigen Ehrgeiz, dies und jenes erreichen zu wollen. Warum tragen wir diese Gefühle in unserem Inneren und wie können wir sie auflösen? Wie können wir an Selbstvertrauen, Selbstliebe und Mitgefühl anderen Menschen gegenüber wachsen? Wie können wir Frieden in uns und um uns erschaffen? Wie können wir lernen, andere Menschen zu verstehen und sie nicht zu verurteilen?

Ich befasste mich immer tiefer mit dem Thema Heilung. Ich lernte viel, und anhand meiner eigenen Geschichte begann ich vieles zu verstehen. Mit Hilfe der Astrosophie erkannte ich, was meine wirklichen Aufgaben in diesem Leben sind, was meine Fähigkeiten und Stärken sind, was meine Muster sind und wie ich diese auflösen kann.

Die Inspiration war da, und ein Feingefühl gegenüber den Menschen um mich herum fing an sich zu entwickeln. Ich begann Menschen und ihr Leid zu verstehen. Ich begann, Menschen zu fühlen und las ihre Geschichten in ihren Augen.

Wie im Innern, so auch im Aussen

Fakt ist, ich kann mein Aussen durch meine innere Arbeit beeinflussen und gestalten. Es ist leicht und doch schwierig zugleich. Auch sollten wir achtsamer werden im Umgang mit unseren Gedanken. Vor allem was wir über andere Menschen denken! Wir müssen unseren Verstand so weit bringen, dass wir in der Lage sind, auf unser Herz zu hören, die Stimme unseres Herzens zu verstehen und dieser zu folgen. Dem ehrlichsten Wegweiser.

In der Ausbildung wurde uns eine tolle Übung beigebracht, welche ich gleich umzusetzen begann. Ich wollte etwas im Aussen verändern und fing an, unbekannten Menschen eine Freude zu machen. Wenn ich in die Bäckerei ging und ein Brötchen kaufte, bezahlte ich zwei und überliess das zweite Brötchen dem Unbekannten, der als Nächstes in die Bäckerei kam. Er wurde beschenkt, ohne zu wissen von wem, was ihm bestimmt eine Freude machte. Die Bäckerin sagte am Anfang nichts. Beim zweiten Mal kam ein Schmunzeln und beim dritten Mal fragte sie mich, warum ich das täte. Ich gab ihr zur Antwort, einen Test in der Gesellschaft zu machen. Wenn ich Rosen kaufte, dann liess ich eine Rose für den nächsten Gast, der eine Rose kaufen wollte. Wenn ich einen Obdachlosen auf einer Parkbank sah, kaufte ich ihm etwas zu essen und stelle es hin, ohne bemerkt zu werden. Wenn ich einen Espresso bestellte, orderte ich zwei, mit dem Hinweis, den zweiten einem Gast zu geben. Ich wollte unbemerkt bleiben und nicht mein Ego füttern. Bei dieser Übung ging es ja nicht um mich, es ging darum, einem Menschen eine Freude zu bereiten. Es war sehr erstaunlich, was innerhalb von kurzer Zeit passierte: Auch ich wurde beschenkt. Die Krönung war, als ich mich eines Mittags mit einer Freundin zum Essen traf. Wir gingen in ein Lokal, welches erst seit Kurzem geöffnet hatte. Wir bestellten Getränke, Vorspeise, Hauptgang und verloren uns in einem intensiven Gespräch. Die Getränke und Vorspeisen kamen ziemlich schnell. Da wir aber so vertieft in unser Gespräch waren, realisierten wir nicht, dass eine geraume Weile vergangen war. Der Kellner kam schließlich mit dem Hauptgang und entschuldigte sich für das lange Warten. Als wir nach dem Essen Kaffee bestellten, sagte der Kellner, dieser wäre frei Haus. Als wir dann die Rechnung verlangten, wurde sie komplett vom Haus übernommen. Hätte der Kellner sich beim Servieren des Hauptgangs nicht entschuldigt, so wäre uns die lange Wartezeit gar nicht aufgefallen. Es ist bemerkenswert, was der Zustand der Freude alles ausmacht.

Auf diesem Weg veränderte sich der Fokus auf meine Schmerzen. Sie waren zwar da, aber ich wollte nicht ständig daran erinnert werden und schon gar nicht mehr darüber sprechen. Ich versuchte, sie zu meinem Freund zu machen, und akzeptierte sie in meinem Sein.

Kapitel 2:

SPIRITUELLE REISEN, WELCHE UNSER WESTLICHES DENKEN SPRENGEN

Meine Reise nach Brasilien zu Thomaz Green Morton-RÁ

Thomaz Green Morton ist ein Mensch mit aussergewöhnlichen Fähigkeiten. Er manifestiert Gegenstände durch seine Gedankenkraft, transformiert Zucker in Minze, spricht mit der Natur und lässt reines Parfum aus seiner Hand tropfen. Thomaz' Kunst ist es, Menschen zu energetisieren. Er dringt in jede Zelle des Körpers ein, schaut sich diese an und energetisiert sie. Er macht ein mentales Röntgenbild von Geist, Seele und Körper und sieht alles, was im Menschen enthalten ist, seine Fähigkeiten, das, was er jemals erlebt hat, und seine Zukunft.

Als ich von diesem Mann durch meine Ausbildung erfuhr, überkam mich ein riesiger Energieschub. Ich schrieb Thomaz eine E-Mail, berichtete ihm von mir, von meinem Unfall und Schmerzen, und dass ich ihn gerne kennenlernen würde. Ich war immer noch ziemlich eingeschränkt in der Schulterbewegung, und meine linke Schulter und das Schulterblatt hatten einen Hochstand gegenüber der rechten Seite. Kurz darauf erhielt ich eine Antwort mit der Einladung, nach Brasilien zu kommen. Voller Faszination flog ich am 8. September 2008 alleine nach Brasilien, São Paolo. Am Flughafen holte mich eine Bekannte von Thomaz ab und fuhr mit mir ungefähr drei Stunden ins Landesinnere, nach Poeso Alegre, wo Thomaz sein Anwesen hat. Ich war so aufgeregt, diesen Mann kennenzulernen, und zugleich konnte ich es kaum fassen, dass ich solch eine Reise alleine unternahm. Ich hatte absolut keine Zweifel, im Gegenteil, etwas in mir schien mich zu führen und gab mir ein Vertrauen, stets das Richtige zu tun. Meine grösste Schwierigkeit aber war, meine Familie davon zu überzeugen, dass das, was ich tat, richtig für mich war. Sie konnten nicht immer das nötige Verständnis dafür aufbringen.

Sie waren zu sehr besorgt um mich. Zum Glück hatte ich André, der mir den Weg frei hielt und meiner etwas besorgten Familie viel Zeit und die nötige Unterstützung schenkte.

Schon bei der Einfahrt zum Anwesen empfing mich Thomaz mit offenen Armen und einem lauten Schrei: »RÁ!« Ich fand es lustig, so begrüsst zu werden, so anders, so ungewohnt. Christine, seine Frau und meine Übersetzerin für die nächsten Tage, stand neben ihm und erklärte mir, dass Thomaz durch das Wort »RÁ« Energie überträgt. Kaum hatte sie dies ausgesprochen, fühlte sich mein Körper für ein paar Sekunden so an, als wäre er von einem Blitz getroffen worden.

Thomaz' Helfer führten mich zu einem Bungalow, wo ich meinen dreitägigen Aufenthalt verbringen sollte. Ich wollte gerade meinen Koffer auspacken, als ich Thomaz meinen Namen rufen hörte. Ich ging zu ihm. Er hielt einen Rucksack in seiner Hand und schenkte mir ein T-Shirt, auf welchem »RÁ« draufstand. Er bat mich, Shorts,

Bikini und Zahnbürste einzupacken, wir würden für zwei Tage verreisen. Denken konnte ich in Thomaz Anwesenheit nicht. Ich glaube, mein Denkvermögen war ausgeschaltet. Vielmehr hatte ich das Gefühl des absoluten Vertrauens. Auch wenn ich ihn kaum kannte, spürte ich dennoch seine Herzlichkeit und dass er mich mochte. Kurz darauf vernahm ich einen unglaublichen Duft, einen sehr intensiven, blumigen Duft, der in der Luft lag. Ich ging zurück zu meinem

Bungalow, wo ich eine kurze Dusche nahm, etwas Frisches anzog und hastig ein paar Kleidungsstücke in meinen Rucksack warf. Dann eilte ich zurück zu Thomaz, der bereits mit Christine im Auto sass und auf mich wartete. Zu meinem Erstaunen waren noch drei Gänse mit an Bord. Mir war bewusst, dass Thomaz mit seiner Arbeit bereits begonnen hatte. Sämtliche Denkstrukturen wurden durchbrochen, deshalb fiel mir vermutlich auch das Denken so schwer. Die Fahrt war irre. Eine Gans lag auf meinem Schoss und liess ihren körperlichen Bedürfnissen auf meinem neuen T-Shirt immer wieder freien Lauf. Eine sass auf der Mittelkonsole, und die dritte lag auf Christines Schoss, wo sie ebenfalls immer wieder selig kackte.

Teilweise erreichte Thomaz Spitzengeschwindigkeiten und überholte an den unmöglichsten Stellen. Die Gänse bewahrten ihre Ruhe. So auch ich. Nach circa zweieinhalb Stunden Fahrt erreichten wir einen See mit kleinen Bungalows. Hier liessen wir uns nieder. Thomaz erklärte mir, dass man normalerweise für diese Strecke vier bis fünf Stunden bräuche. Als wir uns auf den Weg zu unseren Bungalows machten, erblickte ich Blitze am Horizont. Wieder hob Thomaz seine Arme und schrie »RÁ!«. Und noch mehr Blitze waren am Horizont zu sehen. Fragend sah ich Thomaz an und dachte, dass es sicher bald ein Gewitter geben würde. Bevor ich meine Frage in Worte fassen konnte, sagte Thomaz zu mir: »Schau mal, das Universum begrüsst dich!« Das Verrückte war, ich konnte es fühlen. In meinem Innern war ich tief berührt. Wir stellten unsere Taschen hin, zogen Badesachen an und trafen uns unten am See, wo Thomaz sein Motorboot bereit machte. Ich stellte keine Fragen, ich fühlte mich wie in einem Märchen.

Hatte ich nicht einen 15-Stunden-Flug hinter mir, mit Zeitverschiebung? Jetzt war ich auf einem Motorboot mit drei Gänsen, einer Frau und Thomaz, dem faszinierendsten Menschen, den ich je getroffen hatte. Wir fuhren zu kraftvollen Wasserfällen und badeten im türkisblauen See. Es war, als würde ich alte Freunde wiedertreffen.

Als wir wieder bei den Bungalows ankamen, fragte mich Thomaz, ob ich meinen Aufenthalt auf neun Tage verlängern könnte. Er würde gerne intensiv mit mir arbeiten. Ich wollte gleich André anrufen und stellte dabei fest, dass ich weder mein Telefon mitgenommen noch mich zu Hause gemeldet hatte, um Bescheid zu sagen, dass ich gut angekommen war. Auch Geld und Pass hatte ich nicht mit dabei. Meine Begeisterung liess mich alles um mich herum vergessen.

Am nächsten Tag rief ich André an, um alles zu regeln. Zu meiner Überraschung war mein Rückflugticket auf die Businessklasse umgebucht worden. Ich erfuhr dies am Flughafen, es war ein Geburtstagsgeschenk meiner Familie.

Während des Abendessens erzählte mir Thomaz gerade die lustigsten und verrücktesten Geschichten, als ich plötzlich etwas an seinen Händen erblickte und wieder diesen unglaublich intensiven blumigen Duft wahrnahm. Thomaz hielt seine Hand über meine ausgestreckt, und aus seinen Fingern tropfte Parfum in meine Handflächen. Es floss und floss und meine Handflächen füllten sich. Ich rieb mir diesen hoch energetisierten Duft an meinen ganzen Körper, in die Haare, über die Kleider, und immer wieder füllten sich meine Handflächen. Christine brachte dann zwei kleine Fläschchen, in welche wir diese kostbaren Tropfen abfüllten. Thomaz hatte mir meinen Seelenduft manifestiert.

Jeden Tag in Thomaz' Anwesenheit zu sein, war ein Geschenk. Thomaz lieh mir seine selbst gemachte Münze und forderte mich auf, sie um meinen Hals zu tragen, bis ich meine eigene Münze manifestiert hätte. Was dies zu bedeuten hatte, wusste ich zu diesem Zeitpunkt noch nicht. Da ich keine Fragen stellte, trug ich Tag und Nacht Thomaz' Münze um meinen Hals. Es fühlte sich unglaublich gut an.

Jeden Tag um 18 Uhr machten wir gemeinsam eine spezielle Meditation, genannt Mentalisation, bei welcher Thomaz Energie freisetzt und an Menschen überträgt. Danach folgte das Abendessen und spät abends zeigte mir Thomaz weitere Phänomene, bei denen er mir spezielle Energien übertrug. Durch seine energetische Unterstützung war ich selbst in der Lage, die unmöglichsten Dinge zu vollbringen. Wie er angekündigt hatte, manifestierte ich durch seine Unterstützung meine eigene Münze und noch einiges mehr.

Diese Gegenstände sind von unbezahlbarem Wert und verfügen über eine äusserst hohe Energie. Am letzten Abend genossen wir das Abendessen in meinem Bungalow. Wir tranken guten Wein und Thomaz beschenkte mich mit einem Badmantel, in den er die Buchstaben »RÁ« mit Parfum schrieb. Dieser Badmantel duftete viele Jahre, auch nachdem er gewaschen wurde.

Ich blieb insgesamt neun Tage bei Thomaz. Neun Tage, die mein ganzes Leben geprägt haben. Erst als ich wieder zu Hause war, bemerkte ich, dass sich meine Schulterblätter verändert hatten, dass die linke Schulter mit der rechten Schulter im Gleichstand war und ich mich wieder so bücken konnte, dass meine Fingerspitzen den Boden berührten. Als ich meine Sachen auspackte, fehlte ein ganz wichtiger Gegenstand: Thomaz' Münze, welche er mir ausgeliehen hatte, und die ich vergessen hatte, ihm am letzten Tag zurückzugeben. Ich durchsuchte den ganzen Inhalt des Koffers, konnte aber diese Münze nicht finden. Hatte ich sie wirklich eingepackt? Wo war sie? Ich war mir ganz sicher, dass ich dieses kostbare ausgeliehene Schmuckstück mitgenommen hatte. Ich suchte und suchte, aber nirgends war sie zu finden. Mir blieb nichts anderes übrig, als diese etwas peinliche Nachricht an Thomaz zu melden. So rief ich gleich an. Thomaz' Frau nahm das Telefon ab und ich hörte Thomaz' lautes Lachen am anderen Ende der Leitung. Ich berichtete gleich von der Münze. Christine beruhigte mich, diese nicht verloren zu haben: Thomaz hätte sie aus meinem Koffer teleportiert. Mit anderen Worten, wieder zu sich genommen. Hat man dafür noch Worte?

Wer ist Thomaz Green Morton?

Thomaz überträgt den Menschen über energetische Phänomene Energie und zeigt auf beeindruckende Art und Weise, dass tatsächlich alles möglich ist. Dieselbe Energie, mit der er Metall verbiegt oder Parfüm materialisiert, überträgt er auf den menschlichen Körper, damit dort Heilung geschehen kann, wo es nötig ist. Dabei werden Gefühle nie gekannter Freude und Liebe geweckt.

Trotz seiner erstaunlichen Fähigkeiten ist er ein vollkommen normaler Mensch. Mit jeder Geste, jedem Wort, jeder Tat und Reaktion strahlt er positive Energie aus. Er ist völlig frei, wie das Licht, der Wind, die Wolken, der Regen, die Vögel und alle Naturelemente. Seine Bescheidenheit ist wahre Menschlichkeit. Jeden Tag um 18 Uhr nach brasilianischer Zeit überträgt Thomaz durch eine spezielle Meditation, genannt Mentalisation, Energie an die Menschen. Wenn man sich mit ihm in dieser Zeit mental verbindet, dann fühlt man eine gewaltige Ladung Energie im Herzen und eine innere Zufriedenheit. RÁÁÁ!

WAS ICH AN THOMAZ LIEBE:

seine Einzigartigkeit ...
seine Grosszügigkeit ...
sein grosses Herz und seine Liebe ...
seine Lebensfreude ...
seine unkomplizierte Art des SEINS ...
und zu erleben, wie er Wunder vollbringt!

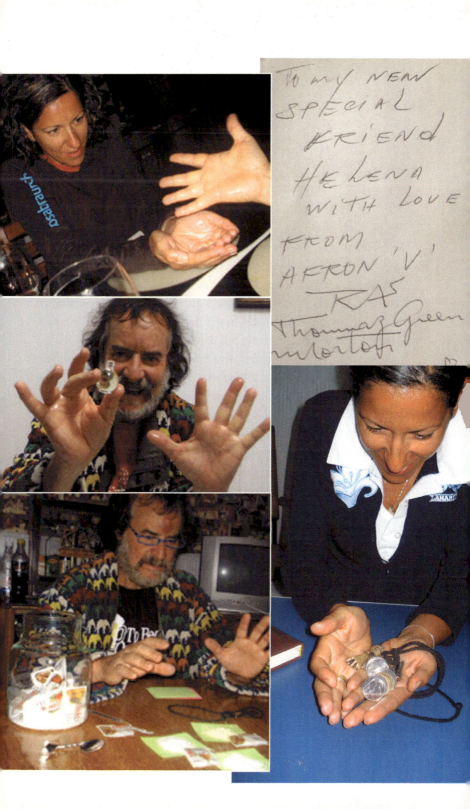

To my NEW
SPECIAL
FRIEND
HELENA
WITH LOVE
FROM
AFRON 'V'
RAS
Thomas Green
Morton

Meine Reise
in den Dschungel Perus

Mit dem Thema Heilung öffnete sich mein Horizont immer weiter. Ich blieb an einem Buch hängen, das die Sprache der Natur erzählte. Von Fähigkeiten, welche spezielle Menschen haben, die in Dschungelgebieten leben. Menschen, die sich mit Heilpflanzen und Medizinbäumen befassen. Wir sprechen von Schamanen. Schamanen sind in der Lage, Menschen mit Hilfe von Pflanzen zu heilen. Sie behandeln nicht nur Symptome, wie das in der Schulmedizin der Fall ist, sondern sie gehen dem Ursprung auf den Grund.

In schamanischen Kulturen wird ganz selbstverständlich mit veränderten Bewusstseinszuständen umgegangen. Für uns »westliches Volk« ist dies nicht zugänglich, auch kennen wir diese Art von Heilung nicht. Die Schamanen verfügen über eine enorme Kenntnis an Heilpflanzen. Viele Pflanzen, die bei Heilbehandlungen verwendet werden, gelten bei uns als giftig oder werden sogar als Drogen bezeichnet. Sie weisen eine gewisse Substanz auf, welche bei uns verboten ist. In den schamanischen Kulturen dagegen werden solche Pflanzen hoch angesehen und verehrt. Das Einnehmen solcher Pflanzen ermöglicht den Zutritt zu den »Geistwelten«, es verändert unseren Bewusstseinszustand, dadurch können wir »Kontakt« mit dem »Pflanzengeist« aufnehmen, es können Todes- oder Wiedergeburtserlebnisse auftauchen und unsere Wahrnehmung wird geschärft.

Durch dieses Buch lernte ich den Sohn des Autors, Don Vijeco Rivas, kennen. Sein Vater, Don Augustin, ist ein Meisterschamane, der den höchsten Rang im Schamanismus hat. Er ist in unseren Ländern sehr begehrt.

Als ich seine Homepage im Internet besuchte, wurde ich auf eine Amazonasreise aufmerksam, welche etwas in mir auslöste. Kurzerhand beschloss ich, eine vierwöchige Reise in den Amazonas zu Don Vijeco zu unternehmen. Bevor ich jedoch meine Reise antreten konnte, musste ich gewisse Impfungen machen, unter anderem gegen Gelbfieber. Ich bekam ein spezielles Impfbüchlein, welches ich bei der Aus- und Einreise zeigen musste. Das Impfen geschah gegen meinen Willen, denn ich wollte ja in den Dschungel zu dem Schamanen gehen, um etwas über Heilpflanzen zu lernen und meinen Körper zu reinigen. Ich erhielt von drei unabhängigen Instituten die gleiche Nachricht: Das Impfen ist ein Muss. Tja, was sein muss, muss wohl sein. Ich liess mich widerwillig impfen.

Die Reaktionen im Anschluss waren massiv. Ich konnte kaum meine Oberarme bewegen. Die geringste Belastung war so schmerzhaft, dass ich kaum noch die Hundeleine halten konnte. Fast drei Tage lang war ich auf die Hilfe meines Freundes angewiesen.

Meine Vorfreude auf diese Reise war so enorm, dass ich dieses Impferlebnis schon bald ausblendete. Ich war gespannt auf das Dschungelabenteuer und hatte absolut keine Vorstellung davon, wie es werden würde.

In Amsterdam am Transitgate traf ich auf eine österreichische Gruppe, mit der es zusammen nach Peru ging. Wir flogen nach Lima. Von dort aus ging die Reise weiter nach Iquitos, mit einer anschliessenden Bootsfahrt entlang des Amazonas, um zum Camp Supaychacra zu gelangen. Ein kleines Paradies mit eigenem See inmitten von Palmen in Gehweite des Ortes Tamshiyacu am Rande des Amazonasdschungels.

Hier wohnten wir einfach, in kunstvoll aus Holz, Lianen und Palmblättern erbauten Hütten auf Baumstelzen. Die Betten waren rundum mit Netzen gegen Moskitos geschützt. Das Badezimmer bestand aus zwei Lavabos draussen in der Natur und die Toiletten waren an erhöhter Lage ebenfalls in der freien Natur zu finden. Duschen war im kleinen See angesagt, dessen Farbe ziemlich dunkel war. Niemand wusste genau, was sonst alles mit ihm mitschwamm. Immer wieder hörten wir Aufschreie von einem Badenden, dessen Beine von etwas

Unbekanntem berührt wurden. Lautes Gelächter brach dann aus, am lautesten zu hören war das von Vijeco, der keinen Kommentar von sich gab und sein Geheimnis vom kleinen See hütete. Jedes Mal fasste ich meinen ganzen Mut zusammen, um dort zu schwimmen. Es war ein Abenteuer. Wer sich trotzdem dagegen sträubte, in dem dunklen See zu schwimmen, dem stand als Notlösung eine kleine Dusche, umzäunt von Strohhalmen, zur Verfügung.

Die warmherzige Gastfreundschaft Don Vijecos und seiner Helfer im »Dschungel-Camp« liess uns schnell den anfänglichen Zivilisations-schock überwinden.

Auf Dschungelwanderungen lernten wir verschiedene Heilpflanzen kennen und wurden schnell in die Tradition des Schamanismus eingeführt.

Im ersten persönlichen Gespräch fiel Vijeco auf, dass ich etwas mit der Leber hatte. Ich war sehr erstaunt über seine Aussage. Mir fielen die vielen Impfungen ein, und ich berichtete ihm davon. Die anderen

Teilnehmer kamen aus anderen Ländern, welche andere Impfvorlagen hatten.

Auch erzählte ich ihm von den vielen Medikamenten, die ich mehrere Jahre eingenommen hatte. Vijeco sprach mir Mut zu und meinte, er würde dieses Gift sehr schnell aus meinem Körper rausbringen. Er verteilte Schlamm auf meinem Bauch und erklärte mir, dass dort, wo der Schlamm feucht bliebe, das Gift sitze, welches der Schlamm raussaugen würde.

Der Schlamm bestand aus tief reinigenden, pflanzlichen Stoffen, welche den Körper von Giften befreien. Mit der Unterstützung von Pflanzen löst der Schamane tiefe Prozesse zur Heilung von Leiden und Krankheiten aus, was zu einer enormen Intensivierung der Lebensenergie führt. Dies war die erste Vorbereitungsmaßnahme für einen tief greifenden Heilungsprozess. Die inspirierende Arbeit von Vijeco öffnete mir Türen zu innerer Stärke und Wahrheit, zu Mut und Lebensfreude und damit auch zu einer grösseren Akzeptanz meiner Verantwortung für die eigene Gesundheit.

Am zweiten Tag nahmen wir eine Darmreinigung vor. Diese wurde mit dem Trinken von Ojé eingeleitet. Ojé bekämpft Parasiten, Eier und Würmer in uns, und es reinigt das Blut. Ojé ist ein weisser Latex, der aus Baumrinde gewonnen wird. Diese Bäume wachsen im Amazonas in der Nähe von Flüssen. Vijeco erklärte uns, dass wir alle, vor allem aber Menschen aus Europa, solche Eier oder Würmer in uns tragen. Das Trinken dieser Gummisubstanz war scheusslich. Nach ungefähr 30 Minuten setzte die Wirkung ein: Es fühlte sich an, als wäre ein Feuer im Magen ausgebrochen und wir begannen uns zu erbrechen. Jedem Einzelnen standen zwei Helfer zur Seite, die uns bei unserem Reinigungsprozess unterstützten. In einem Zeitraum von fünf Stunden mussten wir alle 15 Minuten ein Glas warmes Wasser trinken. Dies führte zu mehrmaligem Erbrechen und zu Durchfall. Die innere Reinigung war in vollem Gange. Zuvor musste sich jeder Einzelne im Dschungel, in unmittelbarer Nähe, ein Plätzchen suchen, wo er sich hinsetzen und für sich sein konnte. Der Schamane kam der Reihe nach immer wieder bei jedem vorbei, schaute mit einer Lupe die Substanzen an, die aus dem Körper ausgeschieden wurden, und erklärte, was alles zu sehen war. Interessanterweise bekam ich einen anderen Zugang zu mir selbst. Ekel und Scham existierten in diesem Moment nicht mehr. Ich lernte sehr viel durch meinen eigenen Körper und das, was ich auch bei den anderen mitanschauen konnte.

Nach dieser Reinigung waren wir bereit für das erste nächtliche Reinigungsritual, bei welchem wir die göttliche Mutterpflanze Ayahuasca tranken. Ayahuasca ist eine Heilpflanze, welche nur in den Regenwäldern des Amazonas zu finden ist. Es ist das beste und stärkste Heilmittel und die heiligste Pflanze aller Pflanzen. Die Pflanze der göttlichen Mutter Natur. In unseren Ländern ist diese Pflanze jedoch verboten. Wenn man den Stamm dieser Pflanze durchsägt, gleicht ihre Struktur der eines Herzens. Das Zubereiten dieser Pflanze bedarf eines zweitägiges Rituals.

Die Pflanze wird mit grösster Sorgfalt aufgekocht, begleitet von Gesängen und Trommeln des Schamanen.

Auch wir durften mit dabei sein. Wir spürten die Energie beim Aufkochen der Pflanze und schauten zu, mit welchem Feingefühl der Schamane seine Trommel bediente. Seine Gesänge und Klänge lösten grosse Emotionen in uns aus. Wir alle waren von einer tiefen Liebe erfüllt. War das die Seelenenergie dieser göttlichen Pflanze?

Es war sehr faszinierend mitanzusehen, wie ehrwürdig diese Pflanzensubstanz für unsere Zeremonie zubereitet und aufgekocht wurde. Meine Aufregung vor dem Unbekannten war enorm.

Die Dunkelheit brach herein und die Ayahuasca-Zeremonie stand uns bevor. Vor solchen Zeremonien wird streng Diät gehalten. Vor der ersten Zeremonie wird ein ganzer Tag Diät gehalten, nur Wassertrinken ist erlaubt und ab der zweiten Zeremonie nur ein leichtes Mittagessen, danach nichts mehr. So wird die Pflanzenseele oder der Pflanzengeist bei der Einnahme in uns erweckt. Diese Art von Zeremonie ist über 3500 Jahre alt.

Als ich mich zurechtmachte und meine weisse Leinenhose und -bluse anzog, überkamen mich plötzlich komische Gefühle. Tränen liefen mir über das Gesicht und meine Knie fingen an zu zittern. Panik brach in mir aus. Ich glaube, ich hatte Angst. War es Angst vor diesem Bewusstseinswandel, Angst vor etwas, das ich nicht kannte?

Meine Knie zitterten. Jemand aus der Gruppe rief unseren Schamanen. Er kam mit seiner Pfeife zu mir, die mit frischem Tabak gestopft war. Tabak wird oft auch als Heilmittel eingesetzt. Vijeco fragte mich sehr liebevoll, ob ich meine Gefühle beschreiben könnte. Zitternd beschrieb ich ein grosses schwarzes Loch. Er blies Tabak auf mei-

ne Knie und über meinen Kopf. Ich hatte eine riesengroße Angst in mir, eine Verlustangst oder gar eine Todesangst? Kurze Zeit später, nachdem Vijeco mehrmals den Tabak über mich geblasen hatte, verschwanden diese Gefühle.

Jetzt war ich bereit für die erste Ayahuasca-Zeremonie. Wir sassen draussen, inmitten der Kulisse aus Tiergeräuschen, Sternenhimmel und Urwalddüften. Wir waren alle weiss gekleidet, damit der Schamane uns in der Dunkelheit besser sehen konnte.

Die Zeremonie begann. Der Schamane trommelte, tanzte, sang und forderte jeden Einzelnen auf, die Ayahuasca-Substanz einzunehmen. Als ich das Glas in der Hand hielt, spürte ich die Energie, und meine Hände begannen zu schwitzen. Die Angst war verschwunden. Ich hatte jedoch grossen Respekt. Schluck für Schluck trank ich die dunkle dickflüssige Brühe, die nach frischer Erde duftete. Ziemlich schnell konnte ich den Geschmack nicht mehr wahrnehmen, da mich

ein Gefühl von tiefer Liebe und Dankbarkeit überkam. Ich spürte, wie Tränen über meine Wangen glitten, und zugleich fühlte ich in meinem Innern, wie die Substanz in jede Zelle meines Körpers eindrang. Stelle um Stelle in meinem Körper wurde warm.

Unser Bewusstseinszustand veränderte sich. Das Tor für Heilung, Vision und Transformation wurde auf diese Weise geöffnet. Der Schamane trommelte und sang weiter. Während der Zeremonie, welche bis in die Morgenstunden dauerte, verwendete der Schamane drei Arten von Gesängen. Der erste Gesang öffnete die visionäre Welt. Wir wurden in einen Trancezustand versetzt. Der Körper fühlte sich dabei sehr leicht an. Ich spürte ihn kaum noch. Bis auf die Füsse, die den Boden berührten. Ein Feingefühl kam hoch. Mit einem Mal hörte ich die Pflanzen und der Dschungel begann eine Sprache zu sprechen, die ich verstehen konnte. Ich sah prächtige Bilder aus dem Universum. Ich spürte, wie ich mich auf eine wunderschöne und friedvolle Reise begab und folgte einem hellen weissen Licht. Bei der zweiten Gesangsphase verwendete der Schamane spezielle Töne, die in uns Erbrechen und Durchfall erzeugten. Die Reinigung von Körper und Geist war in dieser Phase in vollem Gange. Die grosse Kunst ist, sich in diesem Trancezustand nicht zu bewegen, denn jede Bewegung erzeugt noch mehr Erbrechen. Jeder von uns hatte eine Plastikschüssel und Toilettenpapier unter seinem Stuhl. Falls jemand auf die Toilette musste, hob er seine Hand, damit die Helfer sofort zu Hilfe eilen konnten. Von den Toilettengängen blieb ich zum Glück verschont, dafür übergab ich mich, was das Zeug hielt. Interessanterweise fühlte sich das Übergeben ganz anders an, als wenn man durch schlechtes Essen erbrechen muss. Es war ätzend, tat aber nicht im Geringsten weh. An die Geräusche der anderen in der Gruppe kann ich mich nicht erinnern. Ich war wohl in tiefer Trance mit mir selbst beschäftigt.

In der dritten Gesangsphase holte uns dann der Schamane langsam zurück in unsere normale Welt. Das grosse Mysterium dieser Zeremonie ist, dass der Schamane während des Trancezustands eine Art Linie in uns sehen kann. Ist die Linie gestört oder gar unterbrochen, bedeutet das, dass wir in Disharmonie sind und Krankheiten in uns tragen.

Durch die mystischen Gesänge und Klänge brachte der Schamane uns wieder in Harmonie, damit Heilung in uns vollzogen werden konnte. Nach solchen Zeremonien hatte ich immer ein Gefühl von Leichtigkeit, Glückseligkeit und tiefer Erschöpfung. Ich wollte nur noch schlafen und weiter träumen.

Im Schamanismus werden Krankheiten mit körperlichen Symptomen über Trancerituale geheilt. Pflanzen, die nach westlichen Massstäben als höchst giftig gelten, dürfen in solchen Ritualen ihre grosse Heilwirkung entfalten. Noch älter als die Ayahuasca-Pflanze, nämlich mindestens 8000 Jahre alt, ist die Coca-Pflanze mit ihrem Wirkstoff Kokain. In den westlichen Ländern wird dieser Wirkstoff missbraucht.

Insgesamt machten wir vier Ayahuasca-Zeremonien. Nach jeder Zeremonie folgten zwei bis drei Ruhetage, damit der Körper sich wieder erholen konnte und wir unsere Gefühle ordnen konnten. In einigen brachen tiefe Gefühle aus. Kindheitsdramen kamen hoch, andere berichteten von Nahtoderlebnissen, die Reaktionen waren sehr individuell. Auch waren Menschen dabei, die an schweren Krankheiten wie Herzkrankheit oder Krebs litten. Nach jeder Zeremonie konnten wir deren Fortschritte sehen, und auch, wie sich ihre Gesichtszüge veränderten.

Meine Reaktion war anders. Ich bekam hohes Fieber und Schüttelfrost nach jeder Zeremonie. Nach der letzten Zeremonie war das Fieber zwischen 39 und 40 Grad Celsius hoch und hielt über mehrere Tage an. Das war ein Problem, denn bald war es Zeit, nach Hause zu reisen. An den Flughäfen hatten sie zu dieser Zeit Temperaturgeräte aufgestellt. Hatte jemand eine bestimmte Körpertemperatur, durfte er weder ein- noch ausreisen. Am Abend vor der Abreise kam Vijecos Vater, Don Augustin, zu uns. Bei diesem Abendessen hatte ich weder Appetit noch Kraft, mich am Tisch aufzuhalten, Vijeco bestand jedoch darauf. Mein Kopf glühte, und innerlich dachte ich, ich würde erfrieren. Don Augustin setzte sich, ohne ein Wort zu sagen, neben mich. Er nahm meinen Kopf in seine Hand und drückte ihn fest, gleichzeitig blies er Tabak über mein Gesicht. Es fühlte sich an, als würden seine Finger meinen Kopf und meine Stirn durchbohren. Niemand sprach oder bewegte sich am Tisch. Alle sahen Don Augustin an und schauten gespannt zu, was er alles an meinem Kopf tat. Wenige Sekunden später fühlte ich einen Stromschlag durch meinen Körper hindurchfliessen, als würde ich auf einer Stromleitung sitzen.

In diesem Zustand bekam ich einen heissen Pflanzensaft, eine Art Schnaps. Es brannte in den Augen und im Magen. Plötzlich überkam mich ein irres Gefühl. Das Fieber war weg. Wie war das bloss möglich? Don Augustin erklärte mir, er hätte es aus meinem Körper rausgezogen. Wenige Minuten später meldete sich der Hunger. Vijeco hatte schon einen Teller für mich vorbereitet. Wir assen zusammen,

lachten, und Don Augustin erzählte uns die verrücktesten Geschichten. Die Heimreise erfolgte problemlos, aber kaum war ich zu Hause angekommen, meldete sich das Fieber wieder zurück. Jetzt hatte ich viel Zeit, um meine Erlebnisse zu verarbeiten und zu schlafen.

Es war eine unvergessliche Reise, die viele Eindrücke hinterliess, Erleichterung in meinem Innern vollbrachte und mich erfüllt von Inspiration auf etwas Neues vorbereitete.

Mit meiner Mama nach Indien – Baba und Swami haben auf uns gewartet

Im Herbst 2011 entschied sich meine Mama, nachdem ich ihr so viel über Indien erzählt hatte, mich endlich auf einer Reise nach Indien zu begleiten. Wir wollten für knapp zehn Tage nach Penukonda, Südindien, gehen, wo Swamis Ashram ist. Als wir dabei waren, unsere Tickets zu buchen, erhielt ich eine E-Mail von Swami. Ich war sehr überrascht. Swami gab mir die Anweisung, zuerst mit meiner Mama nach Shirdi zu gehen (fünf Autostunden von Mumbai entfernt), um dort Babas Segen zu erhalten. Woher wusste er von unseren Plänen?

In Indien kennen über 90 Prozent der Bevölkerung Shirdi Sai Baba. Sein Tempel und Samadhi (Aufbewahrung seines Körpers) liegen in einem kleinen Dorf namens Shirdi.

Tausende von Menschen strömen täglich zu diesem kraftvollen Ort, um Babas Segen zu erhalten. Viele Menschen, die mit einem offenen Herzen dorthin gereist sind, haben Wunder erlebt, Wunder, die ihr ganzes Leben verändert haben. Immer wieder liest man von Spontanheilungen, die durch Babas Segen geschehen, oder von Menschen, die lebensverändernde Nachrichten von ihm erhielten.

Ich hatte viel über Baba gelesen, und auch Swami hatte uns viel von ihm erzählt. Er war Swami Kaleshwars Meister. Er zeigte sich ihm in physischer Form, als Swami 14 Jahre alt war, in Gestalt eines Bettlers, der ihn immer wieder nach Essen fragte. In unseren westlichen Ländern kennen wir solche Geschichten kaum, aber sie existieren.

Swami erhielt von Baba viel Wissen über die Bewusstseinsebene, welches er an uns weitergab, und gründete so auch einen Baba-Tempel in Penukonda, an welchem sich die Seelen-Universität befindet.

Da sich für mich und meine Mama alles so stimmig anfühlte, änderten wir unsere Pläne und wir wollten statt zehn Tage 21 Tage bleiben. Wir flogen von Zürich aus nach Paris und von dort aus direkt nach Bangalore, wo wir zwei Nächte verbrachten. Als wir von

Paris aus weiterflogen, berichtete mir meine Mama während des Fluges plötzlich, dass sie ein Hitzegefühl und so ein Kribbeln an ihren Beinen habe. Da meine Mama schon einige Operationen an ihren Beinen vornehmen lassen musste, bereitete ihr langes Sitzen im Flugzeug immer Beschwerden. Nicht aber auf dieser Reise. Etwas Eigenartiges schien zu geschehen. Immer wieder stand sie auf und konnte fast nicht glauben, dass sie nur geringe bis keine Schmerzen in den Beinen verspürte und sie sich nicht wie Pudding anfühlten. Ich konnte ein Funkeln in ihren Augen sehen. Ich fing an, ihr von Babas Wundern zu erzählen. Vorher war es mir wirklich nicht möglich gewesen. Meine Mama war tief berührt von den Geschichten, weil sie selbst Babas Kraft in ihrem Innern wahrnehmen konnte. Das mag jetzt etwas komisch klingen, aber genau so war es in diesem Moment. Um zwei Uhr nachts landeten wir pünktlich in Bangalore und meine Mama verliess das Flugzeug, als hätte sie diesen elfstündigen Flug nie gemacht. Im Hotel angekommen, wurden wir auf unser Zimmer begleitet, und rasch fielen wir erfüllten Herzens in den Tiefschlaf, welcher nicht lange anhielt.

Meine Mama weckte mich auf. Sie war durchgeschwitzt und aufgeregt. Sie erzählte mir, dass sie von Baba geträumt habe. Er hätte einen Stecken gehabt, mit dem er sie geschlagen habe, und dass sie in Wirklichkeit diese Schläge noch an ihrem Körper fühlen könne, und die Schmerzen an ihrem Rücken seien komplett weg! Mir stockte der Atem. Ich sprang auf und umarmte sie. Durch Swamis Erzählungen wusste ich, dass Baba früher Menschen so geheilt hatte. Entweder bewarf er sie mit Steinen, oder er schlug sie mit einem Stecken. Es verbarg sich jedoch ein tiefer Sinn dahinter, denn Baba schlug dabei die Krankheit aus dem Körper.

Von diesen Geschichten hatte ich meiner Mama bis zu diesem Zeitpunkt aber nichts erzählt. Ein weiteres Baba-Wunder war in dieser Nacht geschehen. Am Morgen gingen wir mit leerem Magen und voller Glücksgefühle zum Frühstuck. Da es für mich von grosser Bedeutung war, alleine mit meiner Mama diese Reise zu unternehmen, hatte ich uns in einem noblen Hotel einquartiert. Auch ich war noch nie zuvor dort gewesen.

Das Frühstück war ein Hit. Wir entschieden uns für indisches Frühstück: Reis mit Bananen an einer Kokosnusssoße, viele exotische Früchte und eine Art Reiswaffel. Es gab von allem etwas. Wir tranken indischen Chai, lachten und fühlten uns wie im Paradies.

Uns stand ein Tag mit Shopping und Bummeln bevor. Am nächsten Morgen ging es wieder zum Flughafen. Wir flogen weiter nach Puna. In Puna wartete ein Fahrer, den wir für unsere knapp fünfstündige Fahrt nach Shirdi organisiert hatten. Shirdi liegt mitten im »Nowhere«; ein altes Dorf, welches über Hunderte von Jahren unverändert geblieben ist. Das einzige, was man dort sieht, sind viele kleinere Unterkunftsmöglichkeiten für Pilger, ein paar wenige Hotels und Tausende von Menschen, die anreisen, um Babas Segen zu ersuchen. Auch für mich war alles neu. Ich kannte nur die Erzählungen darüber, wie Baba Wunder vollbrachte, aber ich hatte ich keine Ahnung, was uns erwarten würde.

Der Weg zum Tempel

Vor dem Tempel wurden wir aufgefordert, unsere Schuhe zu deponieren, an einem Ort, wo bereits schon ein Berg von Schuhen lag. Na ja, guten Gewissens legten wir auch unsere Schuhe dorthin, in der Hoffnung, diese auch wiederfinden zu können.

Vor uns war eine riesige Menschenschlange, die Lieder für Baba sang. Sie standen wohl für die Eintrittskarten an. Bevor wir uns richtig umschauen und orientieren konnten, stand plötzlich ein junger Inder vor uns, der gebrochen Englisch sprach. Er forderte uns auf, ihm zu folgen. Ohne zu hinterfragen, gingen wir dem jungen Mann hinterher. Er führte uns aus dem Rummel heraus und begleitete uns durch eine Hintertür, durch die wir zu einem anderen Eingang gelangten. Der Junge redete kurz mit einem Mann des Sicherheitspersonals und schon waren wir im Tempel. Wie war das möglich? Wer war dieser Junge, woher kam er? Er führte uns zu einem weiteren Wachposten. Dort wurden wir aufgefordert, unsere Pässe zu zeigen. Als der uniformierte Mann eine für uns eindeutige Bewegung mit den Fingern machte, drückten wir ihm einige Rupien in die Hand. Der junge Mann verabschiedete sich von uns und sagte, dass wir dem Mann in Uniform folgen sollten. Als wir dem Jungen zum Dank ebenfalls ein paar Rupien geben wollten, war dieser verschwunden. Der Mann in Uniform brachte uns auf die vordere Seite eines Schalters, wo nach hinten diese riesige Schlange zu sehen war. Er wies ein paar Menschen beiseite, presste sich zum Schalter durch und drückte dem Kassierer unsere Pässe mit den Rupien, welche wir ihm zuvor gegeben hatten, in die Hand. Ups, das war also doch nicht als Bestechungsgeld für ihn gedacht. Der Mann gab uns Tickets und Pässe zurück, wies uns zum Tempeleingang und verabschiedete sich mit einem Lächeln. Und schon war er ebenfalls wie im Nichts verschwunden.

Das war schon sehr merkwürdig. Meine Mama und ich blieben eine Weile stehen, schauten uns an, zuckten mit den Schultern und flüsterten ganz leise »Danke Baba« in den Raum. Wir gingen zum Eingang des Tempels, wo bereits wieder eine lange Schlange zu sehen war, aber diesmal wurden wir nach Abgabe der Tickets aufgefordert, uns hinten anzustellen. Jetzt hiess es anstehen. Es war sehr erfüllend zu beobachten, wie die Augen der Menschen leuchteten und mit welcher Hingabe sie sich mit Blümchen in den Händen und fröhlichen Gesängen auf den Weg zu Baba machten. Wir bewegten uns Millimeter um Millimeter vorwärts und hatten keine Ahnung, wie viele Stunden bereits vergangen waren. Plötzlich wurden wir von einem Mann in Uniform aus der Schlange gewinkt und zu einer Nebentür geführt. Wir hatten keine Ahnung, woher dieser Mann plötzlich gekommen kam. Zu unserem grossen Erstaunen befanden wir uns nun im Innenraum des Tempels. Vor uns stand eine enorm grosse Statue und im Raum war eine Energie spürbar, die wirklich kein Auge trocken liess. Wir waren zutiefst berührt. Diese Erfahrung muss jeder selbst einmal gemacht haben, um zu verstehen, was das für ein Gefühl ist.

Wir realisierten, dass es Baba war, der uns zu sich gezogen hatte mit Hilfe all der Menschen, die plötzlich da waren und uns so den Weg zu ihm freimachten. Unsere Tränen waren nicht mehr aufzuhalten. Der Anblick von Babas Statue liess die Zeit stillstehen.

In tiefer Glückseligkeit verliessen wir spätabends den Tempel, beschenkt mit unzähligen Eindrücken. Wir erhielten von den Priestern Blumen und Seidentücher, welche auf Babas Samadhi lagen und gesegnet waren. Und selbst unsere Schuhe fanden wir inmitten eines Berges indischer Schlappen wieder.

Baba liess uns nie wieder los. Seit dieser Begegnung begleitet er uns und steht uns im Alltagsleben mit seinem Rat bei.

> Die grosse Kunst ist, daran zu glauben,
> um Babas Präsenz und seine Botschaften
> wahrzunehmen.

Die Reise geht weiter zu Swamis Ashram

Am nächsten Morgen ging unsere Reise weiter. Wir flogen von Puna nach Bangalore und von dort aus stand uns eine dreistündige Autofahrt nach Penukonda bevor, wo Swami seinen Ashram hat.

Im Ashram herrschen strikte Regeln, da die Energie sehr hoch ist und Swami mit seinem Bewusstsein ständig bei den Menschen am Arbeiten ist und Heilung gibt. Vielleicht ist dies im Moment etwas schwieriger zu verstehen, macht aber nichts.

Ich bereitete also meine Mama vor. Ich erzählte ihr, dass man dort nur weisse Kleidung trägt. Weiss deshalb, damit es keine Konkurrenzkämpfe gibt, wer das schönere Kleid trägt, dass die Knie bedeckt sein müssen, dass für Frauen ein Schal, der den Oberkörper bedeckt, ein Muss ist und einiges mehr. Wir waren natürlich auch sehr gespannt, ob wir Swami sehen würden und ob er mit uns sprechen würde. Auch dies ist eine strikte Regel: nicht auf Swami zuzugehen wenn man ihn sieht, sondern erst auf seine Einladung hin, da er stets in spiritueller Arbeit versunken ist.

Als wir im Ashram ankamen, wurden wir herzlich empfangen. Wir füllten die nötigen Formalitäten am Welcome Center aus und schon wurden wir zu unserem Zimmer begleitet. Wir zogen uns schnell um, denn um 20 Uhr war im Tempel Bhajans Singen für Baba angesagt. Da werden spezielle vedische Lieder für Baba gesungen, die unsere Herzen weit öffnen, und das wollten wir auf keinen Fall verpassen. Nicht nach diesen wunderschönen Eindrücken von Shirdi. Als wir uns auf den Weg zum Tempel machten, erinnerte ich meine Mama wieder daran, dass, falls wir Swami sehen würden, sie ihn auf keinen Fall grüssen sollte, auch nicht winken oder Sonstiges.

Kaum waren die letzten Worte ausgesprochen, erblickten wir Swami in seinem braunen langen Mantel auf einem Stuhl vor der Treppe des Tempels sitzend. Swami zu sehen, erfüllte unsere Herzen einmal mehr. Egal ob er mit einem spricht oder nicht, es ist, als würde man mit ihm verschmelzen, als wenn seine innere Stimme trotzdem mit einem spräche. Mit jedem Schritt, den wir uns dem Tempel näherten, pochten unsere Herzen heftiger und wieder flüsterte ich meiner Mama zu, nicht auf ihn zuzugehen oder zu winken. Ein »Ja, Ja« war zu hören.

Plötzlich änderte Swami seine Position, stand auf, sah uns an, öffnete seine Arme, lächelte und ein lautes »Welcome, ich habe auf euch gewartet« war zu hören. Ich war zutiefst berührt von dieser Geste, denn diejenigen, die das Leben im Ashram kennen, wissen, dass so eine Begrüssung eine Seltenheit ist. Er legte seine Arme um unsere Schultern, strahlte seine Freude aus und so gingen wir ein paar Schritte gemeinsam. Seine Arme auf unsere Schultern liegend traf mich Swamis Blick. Ich spürte, wie ein riesiger Energieschub durch meinen Körper strömte und eine grosse Erleichterung kam auf. Tränen rollten über meine Wangen. Leise auf meine Schultern klopfend sprach Swami zu mir, dass ich einen super Job gemacht hätte und jetzt die Verantwortung in seinen Händen läge.

Hatte ich mir wirklich so einen Kopf über diese Reise gemacht? So eine Verantwortung auf mich genommen? Ja klar hatte ich dies gemacht, ohne es überhaupt zu bemerken. Dies war die erste Reise zu zweit. Und ist es nicht so, dass in den jungen Jahren die Mutter auf ihr Kind schaut und je älter wir werden, wir auf unsere Mutter beziehungsweise unsere Eltern schauen, und das Gefühl in uns tragen, verantwortlich für sie zu sein? Aber woher wusste Swami dies? Die magische Antwort ist eben die, dass Swami alles weiss und wir immer wieder getestet werden.

Kein Tag glich dem anderen, und immer wieder wurden wir von Swamis Präsenz überrascht. Viel Transformation durfte geschehen und alles fühlte sich so leicht an. Nur leider verflogen die Tage viel zu schnell. Es war die Zeit gekommen, die schönen weissen Kleider gegen westliche Kleider einzutauschen.

Auf uns wartete der 40. Geburtstag meiner Schwester. Vom Ashramleben hinein ins Partyleben. Ein Gefühl, als wären wir auf einem anderen Planeten gewesen.

Kapitel 3:

JEDES EREIGNIS
HAT SEINEN SINN,
AUCH WENN ES
NOCH SO SCHWIERIG IST,
ES ZU VERSTEHEN

Mein Dogy
und das Osterfest

Ostern, ein Fest der Liebe, ein Fest der Sinnlichkeit. Ein Fest, an welchem Menschen in die Kirche gehen, um an Jesus und andere liebe Menschen zu denken. Ein Fest, an welchem man sich an grossen Familientischen zusammenfindet. Ostern ist in der griechische Tradition das wichtigste Fest des Jahres. Viele Menschen fasten 40 Tage vor Ostern, und in der letzten Osterwoche, genannt grosse Osterwoche, findet jeden Abend eine kirchliche Zeremonie statt und zu Hause wird Ostergebäck für Ostersamstag und -sonntag vorbereitet.

Die Gefühle eines jeden werden in dieser Zeit erweckt. Eigentlich spielt die Religion keine Rolle; das Göttliche kennt keine Religion, man ist kein »besserer« Mensch, wenn man in die Kirche geht, und auch kein schlechter Mensch, wenn man zu Hause bleibt und seinen Glauben für sich im Herzen trägt. Ostern in Griechenland verbringt man jedoch zusammen. Ganze Familiendynastien treffen sich in der Kirche. Man pflegt die Gesellschaft und bei den Abendessen ruft jeder jeden an, sogar aus weiter Ferne, um seine Wünsche für das Osterfest auszusprechen.

Meine komplette griechische Familie feierte Ostern 2014 in Kreta. André und ich waren hin und her gerissen, ob wir nun mitgehen sollten oder nicht. Wir entschieden uns dagegen. Aus diversen Gründen, welche eigentlich wirklich keine wesentlichen Gründe waren. Irgendetwas hielt uns aber an, hierzubleiben. Abends gingen wir zusammen in die griechische Kirche, setzten uns in eine der hintersten Reihen, schauten uns die Ikonen an und fühlten die starke Energie zwischen altgriechischen Gesängen und Weihrauch. Erfüllten Herzens gingen wir dann nach Hause, wo uns die ersten Telefonanrufe aus Griechenland erreichten. Unser Dogy freute sich, spätabends mit uns einen Spaziergang zu machen.

Den Ostersonntag verbrachten wir dann mit Andrés dänischer Familie. Auch in seiner Familie besteht die Tradition, sich an Ostern zusammenzufinden. So verbrachten wir den Sonntag im Kreise der Familie, mit Kindern und Erwachsenen und unserem Vierbeiner, denn dieser zählte seit Beginn zum engsten Kreise der Familie. Er war eben ein richtiges Familienmitglied.

Alles schien in sinnlicher Fröhlichkeit zu verlaufen. Nachdem unsere Gaumen verwöhnt wurden, war es langsam an der Zeit, nach Hause zu gehen; Zeit für die Kinder, ins Bett zu gehen und für unseren Vierbeiner, sein Beinchen zu heben.

Wir verabschiedeten uns von allen und machten noch eine kurze Gassirunde, bevor wir ins Auto stiegen. Zu meinem grossen Erstaunen erblickte ich plötzlich Bluttropfen, welche aus Bonitos Nase liefen. Fragend schauten André und ich uns an und suchten nach Schnittwunden im Nasenbereich. Es hätte ja sein können, dass er sich an einer auf der Wiese liegenden Scherbe verletzt hatte. Jedoch war keine Wunde zu sehen. Zu unserem Entsetzen fingen die anfänglichen Tropfen an, stärker zu laufen. Ohne zu zögern fuhren wir los, um die letzte Fähre zu erwischen, die uns auf die andere Seeseite brachte. Während der Fahrt hielt ich Taschentuch um Taschentuch an Bonitos Nase, welche sich immer wieder rot verfärbten. Ein Gefühl der Ohnmacht überkam mich, denn ich hatte nicht den blassesten Schimmer, was mit unserem Liebling los war. Und aus unerklärlichen Gründen wurde es immer intensiver. Ich rief eine Freundin an, die sich mit Hunden ziemlich gut auskannte, und diese riet uns, so schnell wie möglich einen Notfallarzt aufzusuchen. Es sei kein gutes Zeichen, wenn Hunde aus der Nase bluten.

Wir hatten unseren Dogy seit über acht Jahren und noch nie hatte er irgendwelche Beschwerden gehabt. Deshalb waren wir ziemlich ratlos. Ich rief den Notfalltierarzt an. Bonitos Zustand war soweit stabil und er war dennoch fröhlich. Da wir vor dem Notfallarzt in der Praxis eintrafen, liessen wir unseren Dogy auf der nahegelegenen

Wiese frei, wo er schwanzwedelnd herumlief. In der Notfallpraxis wurden verschiedene Untersuchungen und Bluttests durchgeführt. Man konnte uns jedoch nicht genau sagen, was er hatte. Das Bluten war nicht zu stoppen. Wir wurden in die Tierklinik weiterverwiesen. Dort wurden weitere Massnahmen vollzogen, um seinen inzwischen geschwächten Zustand zu stabilisieren. Mittlerweilen war es zwei Uhr nachts und wir wurden aufgefordert, nach Hause zu gehen. Dogy blieb auf der Intensivstation.

Jedes Wort war zu viel in diesem Moment. Wir konnten wirklich nicht fassen, was geschehen war. Doch was war eigentlich geschehen? Was hatte unser Dogy? Traurigen Herzens fuhren wir nach Hause und legten uns hin, unsere Telefone liessen wir eingeschaltet. Kaum hatten wir uns hingelegt, bat ich André, in der Tierklinik anzurufen, ob man vielleicht doch schon etwas wisse. Mir fehlten noch immer die Worte für ein Gespräch. Und wieder gab es keine Neuigkeiten.

Schliesslich, um circa vier Uhr, erhielten wir einen Anruf mit der Bitte, vorbeizukommen und unseren Dogy in die Tierklinik nach Zürich zu fahren. Die Kapazität dieser Tierklinik sei völlig ausgeschöpft und Bonitos Zustand wurde als kritisch eingestuft.

Zwei sehr mitfühlende Tierärzte halfen mir auf dem Rücksitz unseres Autos Platz zu nehmen, mit Dogy auf dem Schoss und einem am Fenster befestigten Infusionsbeutel. Ich werde diese Fahrt wohl nie mehr vergessen. Auch lasse ich bewusst gewisse Einzelheiten aus. Fakt war, wir hatten eine 30-minütige Fahrt vor uns und mussten irgendwie einen klaren Kopf bewahren, vor allem der Fahrer.

In Momenten der Verzweiflung bleibt einem nur eines übrig: der starke Glaube ans Göttliche, das uns die notwendige Kraft gibt, diese äusserst schwierige und traurige Situation zu meistern. Wir fingen an, vedische Lieder zu singen und Mantren aus alten Palmblattbüchern zu rezitieren, welche wir in Indien gelernt hatten, um so unsere Seelen zu beruhigen und das Göttliche in uns einzuladen, die Hilflosigkeit zu besänftigen. Die Fahrt schien endlos zu sein.

Gegen sieben Uhr morgens, nach fast zwei Stunden Wartezeit,

wurden wir auch von der Tierklinik Zürich wieder nach Hause geschickt. Sämtliche Vermutungen wurden ausgesprochen, welche für uns jedoch keinen Sinn ergaben, auch stimmten sie nicht mit den Symptomen überein, welche Dogy hätte haben sollen.

Fragen über Fragen schwirrten in unserem Bewusstsein herum. Bevor wir die Tierklinik verliessen, bat ich jedoch die Tierärztin, ob sie uns nicht auf die Intensivstation bringen könne, zu unserem Dogy. Ich wollte wissen wo er war, um mir ein Bild machen zu können. Ein scharfes anfängliches Nein endete mit einer einmaligen Ausnahme. Wir durften zu ihm. Wir betraten einen grossen Raum mit Kleintieren; rechts beim Eingang standen grosse Boxen, wo auch unser Vierbeiner lag. Er war wirklich sehr schwach. Ich kroch in seine Box, streichelte ihn über den Kopf und gab ihm einen sanften Kuss auf seine Schnauze. Mein Herz raste. In seinem geschwächten Zustand realisierte ich plötzlich, dass er mir ein Zeichen gab. Er hob seinen Schwanz, fing leicht an zu wedeln, bis seine Kraft nachliess. Mir blieb fast der Atem weg. Meine Augen füllten sich mit Tränen, denn ich erkannte, dass er mir etwas sagen wollte. Eine leise innere Stimme drückte mir seine Dankbarkeit und Liebe aus und dass ich mir keine Sorgen machen solle. Sorgen? Ich war komplett von der Rolle.

Zu diesem Zeitpunkt hatte ich bereits mehrmals mit einer Frau Kontakt gehabt, die über einzigartige Fähigkeiten verfügt. Sie kommuniziert über die Kraft der Engel mit Tieren. Jedes Mal, wenn ich mit dieser Frau ein Gespräch führte, konnte sie mir haarscharfe Details über unseren Dogy und unsere aktuelle Lebenssituation geben.

Einmal rief ich sie aus heiterem Himmel an, denn ich wollte wissen, ob es unserem Bonito nach dem Umzug in unsere neue Wohnung gut ging. Sie konnte mir alle Details der neuen Wohnung beschreiben sowie das Umfeld, den See, das nahegelegene Waldtobel hinter unserem Haus, die Nachbarschaft und viele weitere relevante Informationen über die nahen Familienmitglieder, die Bonito kannten. Ich war jedes Mal erfüllten Herzens, wenn ich mit ihr sprach, denn alles stimmte, einschließlich des i-Pünktchens.

Das erste Mal, als ich Kontakt mit dieser Frau hatte, war ich mit

Bonito spätabends am See und hatte ihn gerade von der Leine gelassen. Ich liess ihn am See meistens frei, da die anderen Hunde ebenfalls nicht angeleint waren. Nicht jedoch an diesem Abend. Bonito rannte auf einen Schäferhund zu, denn er wollte spielen. Der Besitzer jedoch, was ich erst später in der Dunkelheit erkannte, hatte seinen Hund an der Leine und zog ihn zu sich. Das hatte zur Folge, dass der Schäferhund anfing, sich und sein Herrchen zu verteidigen, wodurch die anfängliche Spielerei in einen Kampf ausartete. Ich lief auf die Hunde zu, wagte aber nicht, mich zwischen die zwei bellenden und knurrenden Tiere zu stellen. Vielmehr bat ich den Hundehalter darum, seinen Hund freizulassen, damit sich diese aussöhnen könnten. Es gibt meistens Streit unter Hunden, wenn der eine frei und der andere angeleint ist. Äusserst selten aber, wenn beide frei sind. Der andere Hundehalter forderte mich auf, die Hunde zu trennen, denn er könne bald die Leine seines Hundes nicht mehr halten. Ich mischte mich also ein, zog meinen Hund weg und spürte dabei plötzlich einen durchbohrenden stechenden Schmerz an meiner rechten Hand. Für eine Millisekunde sah ich das Gebiss des Schäferhundes

an meiner Hand. Als sich die Situation beruhigt hatte, behauptete der Hundehalter, ich sei von meinem Dogy gebissen worden, was meiner Meinung nach nicht stimmte. Auch roch ich Hochprozentiges in seinem Atem.

Warum ich diese Geschichte erzähle, ist, weil ich genau wissen wollte, was passiert war. Doch wie konnte ich es herausfinden, wenn es keine Zeugen gab?

Ich rief also diese Frau an und bat um ihre Hilfe. Ohne

dass ich ihr etwas dazu sagen musste, berichtete sie mir von einem Streit zwischen zwei Hunden und gab mir Einzelheiten durch, welche für mich von grosser Wichtigkeit waren.

Das Allerwichtigste für mich aber war, dass mein Super-Dogy keine einzige Verletzung hatte, auch hatte er kein Trauma erlitten, was bei Hunden oftmals geschehen kann, wenn sie noch klein sind und von anderen Hunden gepackt werden.

Nur sein Frauchen wurde erwischt, aber nicht von ihm. Ein vierfacher Bruch am Handgelenk. Dumm gelaufen, aber viel gelernt.

In Liebe und Dankbarkeit

Zu Hause angekommen, erreichte uns schon der erste Anruf aus der Tierklinik Zürich. Sie berichteten vom immer noch schwachen Zustand unseres Dogys und informierten uns über weitere Vorgehensmöglichkeiten: eine Bluttransfusion, welche allerdings unschöne Folgen haben könnte, eine Computertomografie des Kopfes, um sicherzustellen, dass keine Verletzung vorhanden war, sowie eine Untersuchung im Nasenbereich mit einer Verletzung in der Nasenhöhle als Folge. Ich kämpfte mit Übelkeit, als wir über diese möglichen Verfahren informiert wurden. Wir brauchten einen kurzen Moment, um darüber nachzudenken. Uns war rasch klar, dass wir keine Einwilligung würden geben können, da wir beide einen starken Widerstand in unserem Innern fühlten.

Ich rief also diese Frau an und bat um ihre Hilfe. Ohne lange zu überlegen berichtete sie mir, dass wir auf keinen Fall ein CT machen sollten, da sie keine Verletzungen am Kopf sehen könne. Auch können solche Untersuchungen nur mit einer Vollnarkose durchgeführt werden, was eine weitere grosse Belastung für unseren Dogy gewe-

sen wäre. Des Weiteren berichtete die Frau, auch nichts im Nasenbereich des Hundes zu sehen. Unglaublich aber wahr: genau dies
bestätigte auch unser Gefühl.

Dann aber begann sie mir von Bonitos Seelenzustand zu berichten.
Mein Herz pochte wie verrückt und Tränen liefen über mein Gesicht.
Ich wusste, was sie mir zu sagen hatte. Ich hatte schon vor dem
Gespräch mit der Tierärztin dieses Gefühl gehabt. War das eine Art
innere Botschaft von Dogy gewesen?

Ich hatte, seit Dogy in mein Leben trat, eine sehr tiefe und äusserst spezielle Beziehung zu ihm. Wir verstanden uns, wie ich es
heute ausdrücken würde, auf Seelenebene. Es ist immer wieder
sehr schwierig, dies in Worte zu fassen, denn Gefühle sprechen ihre
eigene Sprache. Der Schmerz war und ist enorm, denn ich musste
Dogy gehen lassen. Bonito hat seine Lebensaufgabe mit »Bravour«
erfüllt.

An Ostermontag, den 21. April 2014, ist Bonito auf seine Heimreise gegangen. Dieser Tag ist wohl kein Zufall. Bonito ist in mein
Leben gekommen, nachdem ich mit meinem Rennrad diesen schweren Unfall am 21. April 2004 hatte. Bonito hat mich gefunden, als
ich bei einer Hundezüchterin in der Küche war, mit ihr Kaffee ge-
trunken und über Hunde gesprochen habe. Bonito hat mich durch
die schwierigsten Zeiten meines Lebens begleitet und hat mir meine
Lebensfreude wieder zurückgegeben.

Auch gab er mir ein riesiges Geschenk: Ich durfte mit ihm wunderschöne und intensive Momente erleben. Momente, welche ein
trauriges Herz dennoch tief erfüllen. Seine Einzigartigkeit, seine Art,
anders zu sein, seine tiefe Liebe und die vielen unzähligen schönen
Momente, die wir mit ihm erleben durften, werden immer in uns
bleiben. Bonito ist ein wahres Vorbild, das uns zeigt, was bedingungslose Liebe eigentlich bedeutet.

Jede geweinte Träne
ist eine Liebeserklärung

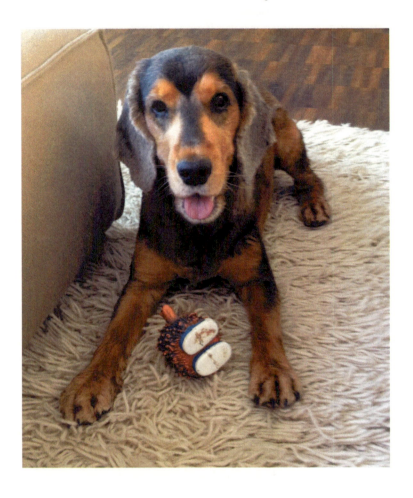

Bonito – Bonituli – Boniteli

»Du bist nicht da, wo du warst –
Du bist überall, wo wir sind«

Kapitel 4:

DIE SCHULE DES LEBENS

Jedes Wesen auf dieser Erde hat eine Lebensaufgabe, die es zu erfüllen hat. Schon lange vorher entscheidet sich die Seele, wann und wo sie auf die Erde kommen möchte und welche Aufgaben sie zu verwirklichen hat.

Meine Reise beginnt und ich mache mich auf den Weg nach den von mir ausgesuchten Eltern. Meine ausgesuchte Mama wird schwanger und schon bald komme ich als schreiendes Baby auf die Welt. Und hier beginnt der Weg der Illusion, den ich zu meistern habe. Was bedeutet Illusion? Mein Weg besteht darin, mich von den vorgeprägten Familienmustern während meines Alterns zu befreien, die Welt der Realität zu entdecken und mein wahres »ICH« zu finden.

Im Leib der Mutter kann ich alles hören und alles wahrnehmen. Ich registriere auch die Gefühle meiner Mutter, meines Vaters. Natürlich habe ich mich auch vorher bereits entschieden, ob ich meine Erfahrungen als Männlein oder Weiblein machen möchte. Ich höre also im Leib meiner Mama alles, was um sie und um mich herum geschieht. Ich nehme die zwischenmenschliche Beziehung der werdenden Eltern wahr, und so prägt sich mein Wesen aus einem Berg voller Gefühle und Emotionen, die sich ansammeln.

Oftmals kommt es vor, dass sich ein Vater einen Buben wünscht, mit dem er über das Fussballfeld rennen kann. Oder der eines Tages seine Firma übernehmen kann. Die Mutter fängt dann auch an, sich einen Buben zu wünschen, um die Freude mit ihrem Mann zu teilen. Und dann kommt ein Mädchen auf die Welt.

Nun sollten wir uns ins Bewusstsein rufen, was das wohl für Gefühle in dem Mädchen erzeugt hat. Das Mädchen kommt auf die Welt mit dem Gefühl, lieber ein Junge zu sein. Als kleines Mädchen möchte es viel lieber mit Lego und Autos spielen als mit Puppen. Im jugendlichen Alter zieht es lieber Hosen und T-Shirts an als Kleidchen und mädchenhafte Leggins. Und dann kommt noch der Hammer: Es soll schon bald einen BH tragen und die nächste Katastrophe mit der ersten Menstruation lässt auch nicht lange auf sich warten. Im erwachsenen Alter zieht dieses Wesen lieber eine Karriere vor und taucht in die Arbeitswelt ein, um den Männern zu zeigen, was es alles drauf hat. Auch im Liebesleben wird sich diese Frau wohl eher einen taffen Mann aussuchen als einen feinfühligen, der sich um sie kümmert. Da uns die Aussenwelt immer das zeigt, was wir zu lernen haben, wird diese Frau höchstwahrscheinlich von eher feinfühligen Männern umschwärmt werden. Da die männliche Energie bei ihr dominiert, wird sie lernen müssen, ihre weibliche Energie auszuleben. Solche Männer zeigen der Frau die feine weibliche Energie und die liebevolle Art des Seins. Hier beginnt das Lernen und Verstehen, warum wir so sind, wie wir sind.

Wie würde wohl die Prägung eines Kindes aussehen, wenn die Mutter ungewollt schwanger würde, und nicht wüsste, ob sie nun das Kind behalten möchte oder nicht? Wie sieht die Prägung eines Kindes aus, wenn während der Schwangerschaft Momente der Verzweiflung aufkommen, die Mutter mit ihrem Zustand ringt und sich immer wieder fragt, ob das Kind wohl gesund sein und das Geld ausreichen wird? Dieses Kind wird bestimmt Existenzangst als Thema in seinem Leben haben. So werden wir als ungeborenes Wesen schon im Mutterleib von Gefühlen geprägt.

All dies hat einen bestimmten Grund, denn schliesslich brauche ich ja Erfahrungen, um daraus zu lernen und daran zu wachsen. So komme ich nun auf die Welt und meine Eltern strahlen, denn ihr langersehnter Wunsch ist endlich in Erfüllung gegangen.

Wir alle kommen zu einer vorbestimmten Zeit auf die Welt. Wir kennen unseren Lebensplan. Doch in dem Augenblick, in dem wir den Mutterleib verlassen, können wir uns an nichts mehr erinnern. Im Laufe der Zeit und mit den gesammelten Erfahrungen, stellt sich früher oder später jeder einmal die Frage: Was möchte ich in meinem Leben erreichen?

Schon in der Schule wird uns diese Frage gestellt. Dabei haben wir sehr viele Ideen. Kinder sind sehr feinfühlig, intuitiv und kreativ. In unserem Schulsystem wird aber stark unsere linke Hirnhälfte gefordert. Wir lernen Mathematik, Algebra, das Berechnen von Formeln, komplexes Wissen über Politik und Wirtschaft usw. Wir beginnen das Talent, das in uns schlummert und sich weiter entwickeln möchte, langsam zu verlieren. Schon bald haben wir uns für einen Beruf entschieden, der uns Sicherheit gibt, der gute Zukunftsaussichten verspricht und bei dem der Verdienst relativ gut ist. Wir sind ständig mit Lernen beschäftigt und haben fast keine Zeit mehr, uns anderweitig zu entfalten. Viele Menschen sind abends nach der Arbeit müde, setzen sich vor den Fernseher, konsumieren Nachrichten, die ihnen die schlimme Welt vor Augen führen und die Angst schüren. Schnell wird das Gefühl der Unzufriedenheit mit irgendwelchen Ablenkungsmanövern unterdrückt, um nicht in unnötige Gefühle reinzukommen und man redet sich ein, kein undankbarer Mensch sein zu wollen, denn den anderen gehe es ja noch viel schlechter.

In der heutigen Zeit hält der Mensch zu sehr an Denkstrukturen und der Vernunft fest. Schliesslich schlummert in uns die Existenzangst, die uns eingeprägt worden ist. Eine leise Stimme, die mir immer wieder einredet, ich müsse doch und ich solle doch und es wäre doch gut, wenn ich dies und jenes täte. Es führt dazu, dass ich mein eigenes »Selbst« aus den Augen verliere und mich von meinem inneren Wesen entfremde. Aus den Augen, aus dem Sinn.

Würden wir jedoch lernen, unsere rechte Hirnhälfte zu benutzen, die für Intuition, Wahrnehmung und Feinfühligkeit zuständig ist, dann wären wir in der Lage, auf unsere innere Stimme zu hören, die einem den Weg zeigt, damit man ein Leben in voller Zufriedenheit leben kann. Mein Entfaltungsweg steht, ich muss ihn nur erkennen und gehen.

Transformation vom dunklen ins goldene Zeitalter

In unserer heutigen Zeit denken die Menschen sehr negativ und sind misstrauisch gegenüber anderen. Wir suchen zuerst das Schlechte, anstatt dass wir unseren Fokus auf das Gute richten.

Hinzu kommt noch, dass wir uns in einem Wandel in ein neues Zeitalter befinden, welches bereits begonnen hat. Es wird viel darüber spekuliert. Unsere Erde macht einen grossen Wandel durch und wir alle spüren, dass sich was tut. Doch was bedeutet dies? Veraltete Strukturen fallen zusammen, Politik und Wirtschaft sind kaum noch zu kontrollieren, Tsunamis und Erdbeben sind keine Seltenheit mehr und Skandale brechen aus. Es ist eine sehr spannende Zeit. Mutter Natur schafft Platz und räumt auf. Immer, wenn etwas Neues kommen will, muss etwas Altes sterben. Dieses Neue ist eine Erhöhung der Schwingung auf unserer Erde, womit sich auch die Schwingung in uns erhöht. Wir beginnen viel mehr zu fühlen als früher. Was ich früher einfach so gemacht habe, weil es getan werden musste, geht heute fast nicht mehr. Menschen, die zu sehr auf der Hut sind, erkranken viel eher und suchen dann Rat beim Onkel Doktor. Dabei liegt alles in unseren Händen. Wir werden immer sensitiver und unser Körper reagiert empfindlicher. Es ist eine sehr spannende Zeit, heute auf dieser Welt zu sein, sozusagen ein Privileg. Wir sind Spezialisten für Veränderungen. Jeder macht eine Veränderung auf irgendeine Art und Weise durch, in sich und um sich. Vielen Menschen bereitet diese Veränderung aber grosse Angst. Auch die Medien tragen viel dazu bei, denn sie berichten vorwiegend von Angst, Krieg und Verlust und damit wird der graue Schleier der Angst und der Negativität auf der Welt noch dichter. Wir müssen einen Weg finden, um wieder das Vertrauen in unser Leben zu wecken und unsere eigene Bestimmung im Leben zu finden. Jeder Mensch bringt ein ganz bestimmtes und grossartiges Wissen mit. Dieses Wissen gilt es zu entschlüsseln und auf dem Planeten Erde zum Ausdruck bringen, zum Wohle von allem, was ist.

Durch die Erhöhung der Erdschwingung wird es uns möglich sein, unsere Einzigartigkeit zu entdecken und zu leben. Altes Wissen aus Atlantis, Ägypten, Lemurien, Wissen aus alten Palmblattmanuskripten kommen auf die Erde. Kommunikationsmittel wie Telepathie, Inspiration, Reden mit Engeln und anderen Wesen aus höheren Sphären werden wieder zum normalen Alltag gehören. Freude, Frieden, Liebe und Harmonie werden unser neues Zeitalter prägen. Es mag wohl im Heute etwas unvorstellbar sein, aber neues Wissen und Techniken der Selbstfindung, Selbsterkennung und Selbstheilung kommen auf die Erde. Jemand von oben schaut auf uns, begleitet uns und beschenkt uns mit viel Wissen, damit wir wieder in Einklang kommen. Der Mensch hat bereits begonnen, ins Innere zu schauen, um die Antworten zu erhalten, die er sucht, anstatt nach aussen seine Zufriedenheit mit Geld, Besitz und andere, vermeintlich »wichtige« Menschen zu stillen.

Geduld und Vertrauen sind die besten Voraussetzungen dafür. Da das Negative immer noch ein Alltagsbegleiter ist, müssen wir achtsam sein. Das Negative ist da, weil es umgewandelt und aufgelöst werden möchte. Wenn wir diese Energie erkennen, sollten wir dafür dankbar sein, damit diese für immer und ewig transformiert werden kann.

Heiliges Wissen, das die Welt verändert – die Lehren meines Meisters Swami Kaleshwar aus den alten Palmblattmanuskripten

Meine Mission und mein Ziel sind es, eine neue Art von Spiritualität zu vermitteln, die im Herzen eines jeden Menschen Freude hervorbringt, das Glaubenssystem der Welt sowie die Art und Weise, wie die Spiritualität in der heutigen Welt ausgeübt wird, zu verändern. Ich möchte nicht Studenten, sondern spirituelle Meister ausbilden und ich wünsche mir, dass ihr Leben zu einer göttlichen Botschaft für diese Welt wird.

Nach 2000 Jahren kommt dieses uralte Wissen neu auf, und zwar mit Belegen und Beweisen. Seit 2000 Jahren hat kein Meister eine Garantie dafür geben können, die Göttliche Mutter in physischer Gestalt sehen zu können und erstaunliche Heilfähigkeiten und Erleuchtungskanäle von ihr zu erhalten.

Solange wir hier auf diesem Planeten sind, müssen wir unser Leben nutzen, um etwas Edles, Erhabenes zu tun. Wir sollen helfen, wo immer wir können. Unsere Taten sollten einen Duft und eine grossartige Botschaft hinterlassen, die noch lange weiterlebt, nachdem wir gegangen sind. Das ist das Dharma eines jeden Menschen. Wahre Moksha, Erleuchtung, ist es, wenn euch Menschen mit Dankbarkeit in den Augen anschauen, weil ihr etwas getan habt, das ihr Leid beseitigt hat. Swamis Verhalten ist ein lebendiges Beispiel dafür. Er dient unermüdlich jedem, der zu ihm kommt. Es ist ein Ausdruck seiner Hingabe und Verehrung seinem Meister Shirdi Baba gegenüber.

Wenn ihr an Sonntagen oder anderen Tagen freie Zeit habt, dann geht ins Krankenhaus oder geht ins Altersheim. Wenn ihr mit etwas Brot und ein paar Früchten ins Altersheim geht, wenn ihr euch um die alten Menschen kümmert, werden sie am nächsten Sonntag bereits auf euch warten. Wenn ihr öfters hingeht, werden sie euch bereits an sich ziehen und ihr werdet wirklich gute Freunde werden. Wenn sie euch dann sehen, werden ihre Augen zu strahlen beginnen. Ihr könnt wahres Glück in ihnen erkennen. Dieses Glück wird zu euch kommen. Und später, wenn ihr selbst Hilfe braucht, wird jemand kommen, der sich um euch kümmert. Gott wird euch immer jemanden schicken, wenn ihr Hilfe braucht. Schafft gutes Karma. Wenn ihr es eines Tages braucht, wird dieses gute Karma, das ihr im Kosmos kreiert habt, wieder zu euch zurückkommen. Es wird nicht umsonst gewesen sein.

Ich lehre die göttliche Tradition. Diese ist weder auf eine Religion begrenzt noch gehört sie irgendeiner Religion an. Religionen und Sprachen sind verschieden, aber die Sprache des Herzens ist immer dieselbe. Mein Symbol ist die reine Liebe zusammen mit den einfachen fünf Elementen, die Schöpfungsreligion. Um ehrlich zu sein, ich gehöre keiner Religion an. Ich gehöre zur Religion der Wahrheit. Das ist alles, worauf es für mich ankommt. Eines Tages wirst du das erkennen.

Das Universum wurde von der Göttlichen Mutter erschaffen. Alles unterliegt der Kontrolle von Mahamaya, der Mutter. Es ist ihr Spiel. Sie wirkt durch die Natur in Form von Illusionen. Dem alten Wissen zufolge gibt es nur einen Experten, der mit ihren Illusionen umgehen kann: Dattatreya. Er vereint die drei Aspekte Gottes Erschaffer (Brahma), Erhalter (Vishnu) und Zerstörer (Shiva) in sich. Er weiß genau, wie man sich aus ihren Illusionen befreit.

Spiritualität bedeutet, sich selbst zu kennen, wer ihr seid, woher ihr kommt, den Grund dafür, weshalb ihr auf diesem Planeten geboren seid und wie das nächste Leben sein wird. Was sind alle diese Illusionen? Was sind Leben und Tod? Wahre Glückseligkeit kommt darin zum Ausdruck, wie sehr ihr euch selbst liebt. Wenn ihr beginnt, euch selbst zu lieben, könnt ihr auch andere lieben. Was immer euch auch widerfährt, akzeptiert es. Nehmt es an.

Wenn ihr sehr unter Herzschmerz leidet, dann trefft einfach eine Abmachung mit ihm, macht einen Vertrag mit ihm: »Wenn du mich wirklich davon befreist, dann werde ich dir das (irgendetwas Bestimmtes) dafür geben.« Dann schaut euch das Ergebnis an. Denkt niemals negativ über jemanden. Wann immer ihr negativ über jemanden zu denken beginnt, werden Menschen anfangen, negativ über euch zu denken. Das ist ein Naturgesetz. Es ist sehr wichtig. Benutzt die Waffe der Liebe, benutzt die Waffe der Liebe. Erledigt. Ihr werdet es erreichen. »Swami Kaleshwar«

Die Wissenschaft der Seele

Im Leben geht es um nichts anderes als darum, die Wahrheit zu erkennen. Es spielt dabei keine Rolle, wie viel du wirklich genießt, wie viel du wirklich entspannst, wie viel Spass du tatsächlich hast. Der wahre Sinn des Lebens ist es, die Wahrheit dessen zu erkennen, warum wir Menschen auf der Erde sind. Versuche die Wahrheit zu erkennen, bevor du deinen Körper verlässt. Tu, was immer du möchtest, denke aber gleichzeitig darüber nach, was der wahre Grund für dein Dasein auf der Erde ist. Welche Botschaft möchtest du der Welt vermitteln? Jede Seele sollte eine großartige Wissenschaftlerin sein, eine Erforscherin ihrer selbst. Du musst das Wesentliche herausfinden und das dann auf deine eigene Art und Weise an andere Menschen weitergeben.

Glaube, Vertrauen, Hingabe, Widmung und Entschlossenheit sind für das Erreichen deiner Ziele sehr wichtig. Es kommt nicht darauf an, was ich lehre oder was du glaubst: Was du tust, ist wichtig. Die exakte Ausführung bringt die Resultate. Dazu brauchst du ein offenes Herz und reine Hingabe an die Göttlichkeit. Du möchtest wirklich die Wahrheit kennen. Du möchtest wirklich die Liebe Gottes in deinem Herzen spüren. Du möchtest wirklich die Energie Gottes in deinem Herzen empfangen. Wenn du für diese Dinge wirkliche Hingabe zeigst, dann ist Gott immer ein gerechter Richter und er wird zu dir kommen. Er wird für immer dein Herz beschützen, so lange, bis du bei ihm angekommen bist. Wenn du dich ihm nicht hingibst, bist du vielen Schwierigkeiten ausgesetzt, so wie die Wellen im Ozean. Du wirst zahlreichen Illusionen, viel Unglück und vielen Problemen gegenüberstehen. Wenn du mit einem stark entschlossenen Herzen wirklich Gott kennenlernen willst, musst du deine spirituellen Übungen ausführen.

Das Glück wird nur einmal an deine Tür klopfen. Dann musst du die Tür öffnen. Das Unglück wird immer so lange an die Tür klopfen, bis du die Tür aufmachst. Wann immer jedoch das Glück an deine Tür klopft, musst du die Tür öffnen. Lass das Unglück ruhig weiter klopfen. Wann immer der Meister vor dir steht und sagt: »Sieh dir diesen Menschen an – er hat das bekommen. Und sieh dir den anderen da an, er hat jenes erreicht.« Du erblickst eine Menge erstaunlicher Erfahrungen, die diese Menschen gesammelt haben. Das ist die Gelegenheit des Glücks. Zur gleichen Zeit aber hast du viele Probleme in deiner Familie. Es ist schwer, alle Anhaftungen deines Lebens zu opfern, alles aufzugeben und in dieser ganzen Verwirrung zur Spiritualität zu gelangen, mit all den vielen ungeklärten Situationen. Wenn du es aber trotz unsicheren Verstandes, unsicheren Herzens und unsicherer Seele schaffst, dann hast du gewonnen. Ganz einfach. Macht das Sinn? Es ist nicht leicht, die Einfachheit zu verstehen, in der man sich mit dem Göttlichen verbindet. Gleichzeitig wartet die Göttlichkeit darauf, dass du sie empfängst. Dies geschieht bereits, wenn du dich ihr nur einmal hingibst, nur einmal dein Herz für sie öffnest. Es ist uns wirklich möglich, unglaublichen Erfolg zu erzielen. Wir können erstaunliche Wunder auf diesem Planeten bewirken. Es ist eine Art neue Wissenschaft: die Wissenschaft der Seele.

Du möchtest der Welt helfen, du möchtest wirklich die Wahrheit kennen, du möchtest wirklich ein Vollmond sein, ein Purna Avatar. Ein Purna Avatar ist eine strahlende, erleuchtete Seele, deren Leben eine inspirierende Botschaft für die Welt ist.

Solch eine Seele versteht das Mysterium von Leben und Tod und kann unmögliche Dinge möglich machen. Sie kann anderen Seelen direkte Erfahrungen der wahren Wirklichkeit ermöglichen. Bis dahin musst du in der Illusion leben.

Diese höchste Stufe bedeutet, dass du durch alles hindurchgehen musst, durch das jeder Mensch, jede einzelne Seele auf diesem Planeten hindurchgegangen ist. Sowohl durch die glücklichen wie auch die schrecklichen Dinge. Nur dann kannst du dieses Ziel erreichen.

Spiritualität ist ein weitreichendes Thema. Es ist äußerst schwierig, Gottes Energien vollkommen zu verstehen. Unser Verstand wäre damit wirklich überfordert. Spiritualität ist vergleichbar mit einem großen Ozean. In diesem Ozean kommen alle Mineralien vor. Um die Mineralien zu testen, brauchen wir nicht jeden Tropfen des Meerwassers zu nehmen. Nimm nur einen kleinen Tropfen des Ozeans; teste diesen. Ein Tropfen ist ausreichend. Schon ein kleiner Prozess mit Gott sorgt dafür, dass du seine enorme Liebe erfahren kannst. Das ist genug. Für diese Erfahrung musst du allerdings dein Herz vollkommen öffnen.

Glaube nicht, dass du so glücklich bist, weil du jede Menge Geld hast, eine wunderbare Frau und großartige Kinder. Nimm dich selbst nicht so wichtig. Es ist alles ein großes Drama. Es ist Gottes Drama. Vor unseren Augen geschehen viele Veränderungen. Heute ist jemand ein wohlhabender Mann, morgen ist er pleite. Ein gesunder Mensch heute, morgen wird er von Krebs befallen. Auch wenn bei dir alles ein Jahr lang problemlos verläuft, im nächsten Jahr leidest du vielleicht einen oder sechs Monate lang unter vielen Problemen. Ein strahlender, herrlicher, glücklicher Mensch an einem Tag; am nächsten ist er vollkommen traurig. Du kannst den riesigen Schmerz seines Herzens nicht sehen, obwohl du doch ein naher Freund von ihm bist. Du denkst: »Hey, was ist das?« Du denkst tief darüber nach, warum diese Negativität ihn angreift, welches tiefe Geheimnis dahinter steckt.

Niemand hat eine Vorstellung davon, wie lange wir auf diesem Planeten sein werden, wann wir sterben. Wir können so viel wie möglich genießen, wenn wir hier sind. Das ist allerdings nur ein vorübergehendes Vergnügen. Die wahre Befriedigung liegt darin, wenn du dich mit der kosmischen Energie, der Energie Gottes, der Kraft Gottes verbindest. Das ist die wahre Freude: Tropfen für Tropfen den Himmel trinken. Tropfen für Tropfen den Honig zu trinken, den Honig zu kosten.

Ein Leben zu haben, bedeutet ein großes Glück. Es ist ein Geschenk, ein Segen. Wenn wir unsere Zeit verschwenden, bedeutet dies, dass wir ein unglaubliches Geschenk vergeuden. Nun ist die richtige Zeit gekommen, unser Leben auf höchst erfolgreiche Art zu leben, uns wirklich selbst zu erkennen, die innere Wahrheit zu erkennen, die innere Wirkungsweise der hohen kosmischen Energie und ihre Effekte auf die Menschen zu erkennen. Zu wissen, wie ein Wunder wirklich möglich ist, entspricht der höchsten Stufe, vergleichbar mit einer akademischen Ausbildung. »Swami Kaleshwar«

In deinem Leben musst du deinen Seelenpartner finden

Swami Kaleshwar sprach immer wieder davon, dass jeder in seinem Leben einen Seelenpartner hat und diesen finden muss. Wir können mehrere Seelenpartner haben. Es kann die eigene Mutter sein, ein Lehrer, ein guter Freund oder auch der Lebenspartner.

Die Beziehung zum Seelenpartner ist größer als eine Liebesbeziehung. Jede Seele braucht, um Erfolg zu haben, eine andere Seele, die sie sehr stark unterstützt. Es ist derjenige, der dich vollkommen versteht. Dieser Charakter ist dein wahrer Seelenpart-

ner. Denkst du an ihn, wird eine Freude in seinem Herzen aufkommen. Wenn dein Seelenpartner einen Schmerz in sich trägt, wirst du ihn fühlen und ihn herausziehen. Wenn er fröhlich ist, wirst auch du fröhlich sein. Ihr seid auf einer tiefen Seelenebene miteinander verbunden.

Der Seelenpartner kann dir helfen, aus allem Schmerz und Kummer herauszukommen. Seelenpartner heben sich gegenseitig an und können sich das Geschenk geben, bedingungslose Liebe in ihre Herzen zu entwickeln. Seelenpartner können auch ihre tiefsten Blockaden spiegeln, wodurch grosses persönliches Wachstum möglich ist. Je mehr du mit deiner spirituellen Kraft verbunden bist und vergangene Beziehungen geheilt sind, umso leichter wirst du deinen Seelenpartner erkennen. Du fühlst eine tiefe Verbundenheit und Liebe zu diesem Menschen. Diese Liebe ist nicht nur eine Herzensliebe, sondern eine tiefe Seelenliebe.

Wie fühlt es sich an, wenn man seinem Seelenpartner begegnet?

Was ich aus meinen Erfahrungen sagen kann, ist, dass sich die Begegnung von Anfang an als einzigartig anfühlt. Es ist ein Gefühl, als würde man sich schon eine Ewigkeit kennen. Wo tiefes Verständnis ohne Worte möglich ist. Wenn man sich sieht, dann bleibt die Zeit stillstehen. In Gesprächen kommt es vor, dass man gleichzeitig das Gleiche sagt, denkt und fühlt. In den Augen liest man, wie es dem anderen geht. Wenn man über bestimmte Dinge spricht, entsteht ein riesiges Kraftvakuum, als hätte man schon jede Idee umgesetzt. Das Unmögliche wird stets möglich, und Schwierigkeiten lassen sich rasch in positive Ideen umwandeln. Es gibt keine Worte, welche dieses wertvolle Geschenk beschreiben können. Es ist ein Zustand von wahrer Glückseligkeit.

Der Traum der Wirklichkeit

Seit ich im August 2009 diesen Traum von Swami Kaleshwar gehabt habe, hat er mich nicht mehr aus den Augen gelassen. Der Meister findet seinen Schüler und bildet ihn aus, das ist eine Tatsache und entspricht meiner Erfahrung. Ich hätte niemals erwartet, eines Tages diesen Weg einzuschlagen. Es war wohl meine Bestimmung, von der ich anfangs keine Ahnung hatte.

Der Unfall und die Vorarbeit durch meine zweijährige Ausbildung sowie die vielen Seminare und Bücher halfen mir dabei.

Es gab nie einen Zweifel, aber einfach war es nicht. Wie sollte ich meiner Familie erklären, dass ich nach Indien gehe, um altes Wissen zu lernen und etwas über mich zu erfahren? Zum Glück hatte ich immer die volle Unterstützung meines Mannes André. Und wo ein Wille ist, ist auch ein Weg. Das Göttliche sorgt stets dafür, dass man diesen Weg gehen kann.

Ich praktizierte lange in Indien. Über drei Jahre war ich immer wieder an der Seelen-Universität, im Ashram in Penukonda, und habe Wissen gelernt, das Swami Kaleshwar herausgegeben hat. Es war am Anfang nicht einfach, dieses Wissen zu verstehen. Es war das erste Mal, dass es uns Menschen zugänglich war. Auch der Umgang mit einem Meister ist nicht ganz einfach. Da ich keine Erwartungen hatte, wurde ich im Herzen tief erfüllt.

Ich habe mein Leben diesem Wissen und diesem Weg hingegeben. Ich konnte anhand meiner eigenen Lebensgeschichte lernen und sie als meine Lebensschule verstehen. Jedes Drama, das um uns und in uns geschieht, zeigt uns etwas. Es geht nicht um meine Geschichte, denn jeder Mensch hat seine eigene Geschichte. Es geht vielmehr darum, ein Verständnis aufzubringen, damit sich jeder in seinem Sein annehmen, verstehen und akzeptieren kann, damit er daraus wachsen kann.

Alles,
was ich den Menschen heute
weitergebe,
habe ich selbst
gelernt,
erfahren
und
praktiziert.

Die Meisterlinie

Wer ist Swami Kaleshwar?
(8.01.1973–15.03.2012)

Swami Kaleshwars Leben wurde vor 400 Jahren in den Prophezeiungen eines Manuskripts, genannt Kalagnana, angekündigt: Ein junger Mann wird kommen und am Fusse des Berges in Penukonda, Indien, leben. Er wird eine besondere Beziehung zur göttlichen Mutter haben, die seine Gebete erhört. Er wird Licht und Wissen in die Welt bringen und helfen, die Dunkelheit zu vertreiben.

Sri Kaleshwar wurde am 8. Januar 1973 in Südindien geboren. Mit 14 Jahren begegnete ihm sein Meister Shirdi Sai Baba. Von nun an wurde seine spirituelle Forschungsarbeit zu seiner obersten Priorität. Auf Reisen durch ganz Indien studierte er intensiv das uralte vedische Wissen. Er meditierte an alten Kraftorten und traf Hunderte von kraftvollen Heiligen.

1993 ließ er sich nach Jahren der Wanderschaft in Penukonda, Südindien, nieder und gründete den wundervollen Ashram Shiva Sai Mandir. Seither suchten Tausende von Anhängern Sri Kaleshwar auf, um in seiner Präsenz Heilungen, Wunder und Nächstenliebe zu erfahren. Zur Verwirklichung seines höchsten Ziels, das uralte Wissen in die Welt zu tragen. Um die Brücke zwischen Ost und West zu bauen, gründete er 2006 die Soul University. Er bildete seine westlichen Studenten zu kraftvollen Heilern aus. Sein schönstes Geschenk an die Welt sind seine Studenten. Sie lernen die kraftvollen Formeln der alten Palmblattmanuskripte, die vor Tausenden von Jahren von den Rishis (Heiligen) niedergeschrieben wurden. Sie enthalten Wissen darüber, wie jede Seele höchste Erkenntnis erreichen und ein bewusstes und erfülltes Leben führen kann. 2007 erhielt Swami Kaleshwar in Anerkennung für seine humanitären Dienste den Ehrendoktortitel der Freien Universität in Malaysia.

Am 15. März 2012 ging Sri Kaleshwar in den Mahasamadhi und verließ seinen Körper. Mit dem Versprechen, nun noch kraftvoller der Menschheit dienen zu können, um Liebe und Frieden in der Welt zu bewirken.

Helft immer, wo ihr könnt.
Wenn ihr der Menschheit nicht dient,
seid ihr für die Spiritualität nicht qualifiziert,
Das ist ein goldenes Statement.

»Swami Kaleshwar«

Wer ist Shirdi Sai Baba?
(Unbekannt–1918)

Shirdi Baba lebte sein ganzes Leben lang als Bettler, indem er Almosen von den Dorfbewohnern der winzigen Provinzstadt Shirdi erbettelte. Seine einfache äußerliche Erscheinung verschleierte seine wahre spirituelle Persönlichkeit. Er verbrachte die meiste Zeit seines Lebens in einer winzigen verfallenen Moschee, ohne Schutz vor Hitze, Regen und mit der Vielzahl derer, die Befreiung von ihren Problemen und Leiden suchten. Er wählte das Leben eines Bettlers, obwohl er wie ein König hätte leben können. Er erhielt Millionen von Rupien von seinen Anhängern, stand aber jeden Tag mit leeren Händen da, weil er alles an die Armen verteilte.

Baba war eine Inkarnation von Shiva, und einer der wenigen Yogis mit den höchsten übernatürlichen Fähigkeiten. Die Anzahl seiner yogischen Leistungen war endlos; er verwandelte Wasser in Öl, erschien an verschiedenen Orten gleichzeitig, rettete Unzählige seiner Anhänger aus lebensbedrohlichen Situationen und gab in seinem letzten Akt an Opferbereitschaft sein Leben, um das eines geliebten Anhängers zu retten. Er vollbrachte im Laufe seines Lebens eine Vielzahl von Wundern. Dieses Phänomen dauert bis zum heutigen Tage an.

Bevor Shirdi Baba seinen Körper verließ, gab er ein Versprechen an die Welt: Er würde allen antworten, die ihn in gutem Glauben anriefen.

»Ich werde niemals jemanden im Stich lassen,
der auf mich vertraut.«

Wer ist Jesus und
was ist seine Grossartigkeit?

Sri Kaleshwar sagt: Jesus ist der Mann unermesslicher Liebe; diese Liebe ist unglaublich. Wenn ihr in eurem Herzen eine Flamme entfacht, die Flamme der Liebe, und sie Tag für Tag nutzt, so wird diese Flamme größer, sie wird riesig.

Sobald sie anfängt, riesengroß zu werden, könnt ihr über Jesus sehr leicht verfügen. Ihr könnt nicht mit eurer Willenskraft über Jesus gebieten, im Sinne von beherrschen, ihr könnt nichts dergleichen tun.

Nur durch die Liebe müsst ihr ihn zu euch ziehen. Keine Mantren, keine Yantren, nichts wird vor ihm funktionieren.

Ausschließlich mit eurem offenen Herzen und eurer Liebe müsst ihr ihn anziehen: »Bitte, bitte.«

Jesus kannte die göttliche Macht. Derselbe Gott stellte ihn auf die Probe. Aber Jesus verfügte nicht über Gott. Jesus war nie ungehalten mit den Menschen. Er nutze seine Kraft niemals auf selbstsüchtige Weise. Sein Herz war einfach offen, lächelnd und akzeptierend. Deshalb wurde er zum höchsten und kraftvollsten Meister im Universum.

Kein Meister hat sich je auf diese Weise geopfert und hingegeben, wie Jesus es tat.

Jesus kam in sehr jungen Jahren nach Indien, um über Gott zu forschen. Er bereiste fast das ganze Land. Studieren heisst, dass er Gespräche mit sehr vielen verschiedenen indischen Heiligen führte. Er erhielt in Indien seine Kräfte. »Swami Kaleshwar«

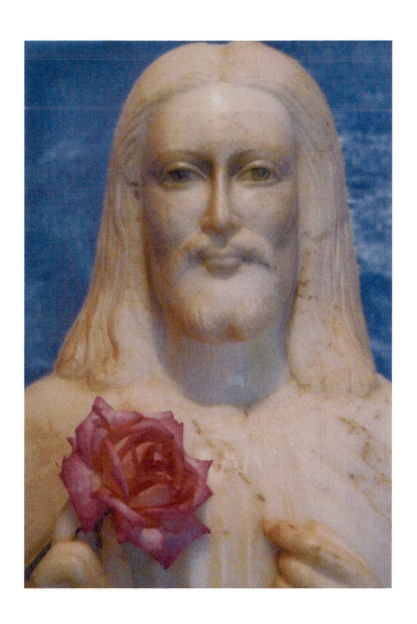

Swami Kaleshwar –
Über das neue Zeitalter

Während des gesamten letzten Jahrhunderts hat die spirituelle Gemeinschaft der Welt davon gesprochen, dass ein neues Zeitalter kommen würde, ein Zeitalter, das sich durch ein beispielloses menschliches und spirituelles Wachstum auszeichnen werde. Swami Kaleshwar sprach 1998 zum ersten Mal detailliert über dieses neue Zeitalter:

Ein neues Millennium beginnt. Das Kali Yuga endet und das Sai Yuga beginnt. Sai bedeutet gleichzeitig Vater und Mutter. Im Sai Yuga werden alle Shirdi Sai Baba lieben lernen. Wer ein Bild von Baba in seinem Haus hängen hat, wird unglaubliche Energie und Segnungen von ihm empfangen können. Nur zu denken, »Oh Baba, ich liebe dich«, genügt. So kann die Energie von seinem Samadhi empfangen

werden. Es ist vergleichbar mit einem Telefonanruf: »Hallo Baba, ich liebe dich.« Dann wird er antworten: »Ich liebe dich auch.«

Nach etlichen Veränderungen sowie einer Phase der Zerstörung wird das Sai Yuga sehr friedlich verlaufen. Alle werden dann zu Shirdi Baba beten wollen, um seine Segnungen zu erhalten. Alle werden etwas über Gott wissen wollen, über Spiritualität und über Liebe. Es wird sowohl ein sehr gutes Verständnis untereinander als auch Liebe füreinander und Kommunikation miteinander geben. Die Menschen werden wahrhaftig, ehrlich und aufrichtig sein, sie werden sich gegenseitig Zuneigung, Barmherzigkeit und Güte schenken.

In diesem Zeitalter wird es sehr einfach sein, Gott zu erfahren. Die Regeln in diesem Zeitalter werden anders sein. In jedem Zeitalter ändern sich die Regeln. Die Vorschriften dieses Yuga können wir nicht mit jenen früherer Zeitalter vergleichen. Wir müssen nicht das erleiden, was Jesus vor 2000 Jahren erlitten hat. Es gibt eine Menge unglaublicher Abkürzungen. Alle 100 und alle 1000 Jahre ändern sich die spirituellen Gesetze. Alle 5000 Jahre wechseln die Zeitalter. Ich habe mich immer an die jeweiligen Yuga-Regeln gehalten. Im Sai Yuga wird es sehr einfach sein, bereits nach wenigen Jahren Erleuchtung zu erlangen. Außerdem wird es auch sehr leicht sein, Gott zu finden, weil Shirdi Baba mit jedem arbeiten wird. Du musst wissen, wer auch immer Babas Namen ruft: »Hallo, Baba«, an dessen Seite wird er sein und fragen »Was möchtest du?« Baba hat versprochen: »Geh' einen Schritt auf mich zu und ich werde 99 Schritte auf dich zugehen.« Der Weg, Gott in diesem Yuga zu erreichen, geht durch Baba über das »Dienen«. Es entspricht Shirdi Babas Natur, zu dienen: Liebe alle, diene allen; sieh in jedem das Menschliche, das Gute, und mache jeden glücklich.

Im Sai Yuga wird es zwar einfacher sein, Erleuchtung zu erlangen, den Sieg zu erringen, aber dies kann nur geschehen, wenn wir unsere Blockaden und negativen Gefühle kontrollieren. Wenn du den Gedanken in dir trägst: »Ich werde keinen Erfolg haben«, wie willst du dann erfolgreich sein? Shraddha und Saburi, Vertrauen und Entschlossenheit, sind wichtig. Entschlossen zu sein bedeutet, das Ende der Spiritualität erkennen zu wollen. Kann Spiritualität begrenzt sein? Ja. Wo Geburt ist, da ist auch Tod. Bei deiner Geburt wird darüber entschieden, wann du sterben wirst. Wenn aber ein Guru in dein Leben tritt, kann er deine Lebensspanne und deinen Lebensstil auf viele Arten verändern. Das ist der Grund, warum wir sagen: »Guru Brahma, Guru Vishnu, Guru Devo Maheshvara.« Aber du musst dich völlig hingeben, dann kannst du es schaffen. Öffne einfach dein Herz und empfange, was du dir wünschst.

Shirdi Babas Arbeit wird bekannt werden und seine göttliche Präsenz wird weltweit wahrgenommen werden. Ich bringe ihn in die Welt. Ich versuche es. Schon viele haben es versucht, doch er versteckt sich immer und schläft im Dwarkamai, jener verlassenen Moschee, in der er lebte. Die Tatsache, dass er sich versteckt, bedeutet, dass er ein sehr kluger Meister ist. Er wollte nicht berühmt werden. Dennoch wissen heute 85 Prozent aller Menschen in Indien etwas über Shirdi Baba. Weltweit wissen jedoch nur sechs Prozent um ihn. In ein paar Jahren aber werden ihn viele Menschen kennen.

Ich tue mein Bestes, ihn der Welt näherzubringen, allerdings nicht in Form einer Religion. Jesus sprach niemals vom Christentum, Mohammed niemals vom Islam, Venkateshwara und Krishna niemals vom Hinduismus. Gott hat nur eine Organisation, und das ist die Liebe.

Nur Folgendes zählt:
Die Organisation der Liebe
ist die Religion der Liebe.

»Swami Kaleshwar«

Über mich:
Elena Jasmin Jeker-Gounakis

Geboren:	19.09.1973, 04:37 Uhr, Zürich
E-Mail:	elena@gounakis.ch/ welcome@my-soul.ch
Natel:	+41/78 605 00 26
Internet:	www.my-soul.ch
Heimatort:	Griechenland, Kreta, aufgewachsen in Zürich

1989–1993	vierjährige kaufmännische Banklehre
ab 1993	im Devisenhandel bei einer Schweizer Bank
1997–1998	Kaderschule, Zürich anschliessend zwei Semester Betriebsökonomie
1999	im Devisenhandel, New York
21.04.2004	Unfall mit dem Rennrad
ab 2006	verschiedene Seminare über Selbstfindung und Selbstheilung
2007–2009	Ausbildung zur Mentaltrainerin für Körper, Geist und Seele
2008–2009	Ausbildung in Frankfurt, Astrosophie nach Randolf Schäfer
2009–2011	Seelen-Universität und Ashram, Penukonda, IN

2013   Zentrum der Gesundheit: Selbststudium über Ernäh-
       rung
aktuell   Durchführung von Heilsitzungen, Betreuung von
       Menschen, Lehre »altes Wissen« aus den Palmblatt-
       manuskripten

Kapitel 5:

MEINE BERUFUNG

Was ich den Menschen anbiete

»Vertieftes Wissen über unsere Schöpfung und unsere Seele«
Unterrichten und Einführung in persönliche Prozesse aus »Swami
Kaleshwars Lehren« aus den alten Palmblattmanuskripten, welche
ich selbst in Indien gelernt und aus denen in praktiziert habe.

Die fünf Elemente der Schöpfung

Der Fünf Elemente Prozess™ öffnet die spirituellen Kanäle eines jeden Menschen und ermöglicht ihm, sich direkt mit der kosmischen
Energie zu verbinden. Dieser Prozess schenkt grössten Frieden, öffnet das Herz, erhöht die Willenskraft, sorgt für geistige Klarheit und
erzeugt um uns herum positive Schutzkreise. Der Verstand wird auf
natürliche Weise sehr friedlich und entspannt und die Gedanken

kommen zur Ruhe. Das erleichtert die Meditation. Unsere Weisheit wird spontan zunehmen und unser Leben dadurch automatisch erfolgreicher.

Dieser Prozess zeigt, wie die göttlichen Kräfte der Elemente genutzt werden können, um Stress, Depressionen, geistige und körperliche Störungen zu heilen, heilende Energie über große Entfernungen zu senden und Energiekanäle zu öffnen, die es ermöglichen, mit Engeln in Verbindung zu treten.

Die fünf Element Erde, Feuer, Himmel (Äther), Wasser und Luft sind die fünf Säulen der Schöpfung. Wenn ein Meister die spirituellen Energien in einem Schüler »erweckt«, wirkt die Energie der fünf Elemente als verborgener Mechanismus, der ein Erwachen auslöst. Aus diesem Grund bildet der Fünf Elemente Prozess™ die Grundlage für alle weiteren Lehren von Swami Kaleshwar. »Swami Kaleshwar«

Bedeutung von Mantra und Yantra

Mantra bedeutet göttliche Schwingung, Yantra bedeutet Seelendiagramm, in dem sich die verborgene Energie befindet. Mit dem Mantra könnt ihr die Energie aufnehmen und sie weitergeben. Während ihr Mantren rezitiert, könnt ihr in tiefster Trance Visionen der Yantren sehen. Dann könnt ihr die Energie des Mantras und Yantras gemeinsam anwenden, ähnlich dem Gas, das eine Flamme zum Brennen bringt. Diese hohe göttliche Energie besitzt eine überaus starke Wirkung. Etwas Höheres und Stärkeres gibt es nicht. »Swami Kaleshwar«

Heiliges Schosschakra »Wombchakra«

Der Prozess »Der Heilige Schoß« weist den Weg, wie wir unser Schoss-Chakra stärken können. Das ist für Frauen und Männer gleichermaßen wichtig und notwendig, da wir alle durch einen Schoss, den Schoss unserer Mutter, geboren wurden und jeder von uns ein Schoss-Chakra in sich trägt. Diese Lehren zeigen uns, wie wir die Schöpfungsenergie, Kama, die in unserem Schoss-Chakra verborgen liegt, in einer positiven und dynamischen Art nutzen können. Durch die Anwendung der einfach und schrittweise durchführbaren Prozesse, die Mantren und das Yantra (Zeichnung einer heiligen Energiestruktur), kann jeder den tiefgreifenden Segen und Nutzen dieses uralten Heilungssystems erfahren. »Swami Kaleshwar«

Wombchakra Yantra

Sri Chakra: Seelendiagramm der Schöpfung

Wenn du die Energie des Sri Chakras verstehst, wenn du die Energie der Mantren verstehst, wenn du wirklich diese Schwingungen in deiner Seele fixierst, hast du einen kugelsicheren Schutz um deine Seele herum. Die Energie der Göttlichen Mutter ist eine gewaltige, erstaunliche und intensive Energie. Man muss in der Lage sein, ihre Energie sowie die Verbindung zu ihr richtig zu handhaben. Sie zu gewinnen, kommt der Überwindung der Illusion gleich. Jeder, der die Göttliche Mutter gewinnen möchte, muss durch das Sri Chakra gehen, das gilt selbst für einen kraftvollen Heiler, für einen Heiligen oder Siddha. Wir brauchen die Fähigkeit, Zugang zur Energie des Sri Chakra zu haben. Dann wird unser Leben ein wunderbares Geschenk an die Welt sein. Man wird in der Lage sein, der Welt zu dienen und die Bedürfnisse all derer zu stillen, die zu einem kommen.

Dieses Seelendiagramm der Schöpfung ist ein uraltes und sehr kraftvolles Yantra. Es ist die Blaupause der Schöpfung und umfasst jeden Aspekt und jede Form der gesamten Schöpfung, alles ist darin enthalten. Es ist das Zuhause der Göttlichen Mutter. Es ist das Diagramm der Seelenenergie von Maha Lakshmi, der Göttin der Fülle und des Wohlstands, die den schöpferischen Aspekt der Göttlichen Mutter auf materieller Ebene repräsentiert. Das Sri Chakra Yantra hat eine sehr große Anziehungskraft und ermöglicht die Erfüllung und Verwirklichung jeglicher Wünsche auf materieller und spiritueller Ebene. »Swami Kaleshwar«

Sri Chakra Yantra

Die Jesus-Kanäle

Die JC Channels™ stellen das Kronjuwel der spirituellen Meister-
schaft dar. Sie sind ein Aufbaustudium an der Seelen-Universität
von Sri Kaleshwar. Swami sagt, dass die größten spirituellen Meister
in der Geschichte diese 18 Energiekanäle ausgeführt haben. In der
alten vedischen Tradition werden sie Saptarishi Channel genannt.
Aber Swami Kaleshwar hat ihnen einen neuen Namen gegeben:
die JC Channels™. In der gesamten Geschichte war Jesus die erste
Person, die diese Energiekanäle gewonnen hatte; er war am erfolg-
reichsten. Deshalb sagt Swami, dass Jesus' Energie tief mit diesen
Energiekanälen verbunden ist und sein Segen mit all denjenigen ist,
die diese Energiekanäle erlangen. Das ist einer der Gründe, warum
Swami Jesus den »Big Boss« nennt. »Swami Kaleshwar«

Ein altes Palmplattbuch besagt, dass dieses Yantra die Seelenstruktur von Jesus repräsentiert. Es wurde von 101 kraftvollen Heiligen erschaffen und vor nahezu 1900 Jahren niedergeschrieben. Die Seele von Jesus Christus soll dabei Zeuge gewesen sein.

Wenn das Jesus Yantra in einem Raum bzw. Haus aufgehängt wird, dann besteht keine Chance, dass negative Energien in die Nähe kommen. Die hohe positive Schwingung und Schutzenergie des Yantras wirkt auf den gesamten Raum, auf das Haus und Umfeld. Jeder, der sich in diesen Räumen aufhält, wird auf natürliche Weise von der kraftvollen Energie und Heilschwingung profitieren.

Jesus Yantra

Vaastu, die Wissenschaft der Architektur

Wir erhalten große Unterstützung und Befehlsgewalt über die Elemente, wenn wir den Richtlinien der alten vedischen Wissenschaft der Architektur, die als »Vaastu« bekannt ist, folgen. Vaastu zeigt das Wissen auf, wie uns die fünf Elemente durch die Umgebung sowie die Grundstücks- und Gebäudestrukturen, in denen wir leben und arbeiten, beeinflussen. In der heutigen Zeit ist die Negativität stärker ausgeprägt als das Positive.

Die Gestaltung, die Platzierung und der Bau von Gebäuden sowie die Lage bzw. Ausrichtung der Grundstücke spielen eine entscheidende Rolle dabei, inwieweit unser Leben in einer positiven oder negativen Weise beeinflusst wird. Nach Swami Kaleshwars Verständnis ist heutzutage ein Grossteil der Welt falsch gebaut. »Swami Kaleshwar«

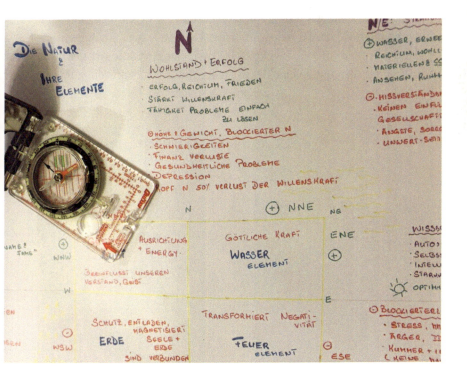

Einführung in die Prozesse
»Surya Nadi« und »Chandra Nadi«

Wenn ihr in eurem Leben die Negativität bekämpfen und Wunderenergie zeigen wollt, um der Gesellschaft und der Welt zu helfen, braucht ihr zwei Dinge: »reine Liebe« und »Kraft«. Kraft ist Surya Nadi und Liebe ist Chandra Nadi. Diese Prozesse geben euch auf eurer Bewusstseinsstufe das Feuer- und das Luftelement.

Bewusstsein ist lediglich die Fähigkeit zu erleben, was euer menschlicher Verstand, euer menschliches Herz und eure menschliche Seele nicht glauben können. Auf dieser Stufe hält die Seele die Energie von Feuer und Luft, diese kosmische Kraft, in ihrem Bewusstsein. Feuer und Luft benutzte jede göttliche Seele, die auf diesen Planeten kam, um uns den Pfad der reinen göttlichen Liebe zu zeigen, um ihren Schülern Frieden und Kreativität zu bringen, damit sie jede Art negativer Kräfte heilen und in den Illusionen der Natur standhaft sein können.

»Swami Kaleshwar«

Surya Nadi Yantra

Chandra Nadi Yantra

Vedische Vollmond-Feuerzeremonien

Die vedischen Feuerzeremonien werden an Vollmond abgehalten.

Die transformierende Kraft des Feuers hilft, uns von Altlasten zu befreien, damit Neues in unser Leben eintreten kann. Durch die hohe Schwingungen der Mantren, die währen der Feuerzeremonie gesun-

gen werden, werden ein äusserst starkes Energiefeld und Schutzkreise aufgebaut. Dies hilft uns, unser Leben in Freude und Leichtigkeit zu gestalten.

Übertragung von Heilenergie in Einzelsitzungen oder in Gruppenseminaren

Durch sanftes Berühren mit dem Daumen an verschiedenen Chakrastellen unseres Körpers erhält die Seele Energie. Dies hilft uns dabei, Klarheit im Alltagsgeschehen zu bekommen, und unterstützt bei emotionalen und körperlichen Beschwerden, damit sich diese auflösen können.

Übertragung von Heilenergie an werdende Mütter, genannt »Shaktipat«

Das ist eine Einführung in Energie-Prozesse für das Baby im Mutterleib. Es handelt sich um spezielle Prozessmantren, welche die werdende Mutter für das ungeborene Baby rezitiert.

Ebenfalls durch sanftes Berühren mit dem Daumen wird der werdenden Mutter Energie übertragen, welche auch das Baby im Mutterleib mitbekommt.

Astrosophie: Auswerten von Geburtsmustern

Durch die exakte Geburtszeit, den Geburtsort und das Geburtsdatum lässt sich das Geburtsmuster eines jeden errechnen. Es ist eine Wissenschaft für sich. Der Mensch erkennt die Stärken und sieht seinen Bestimmungsweg.

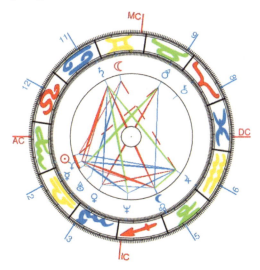

Dadurch können wir uns in unserem Sein akzeptieren und unser Potenzial, welches in unserem Verborgenen liegt, erkennen und ausschöpfen.

Mein Herzenswunsch
ist es,

den Menschen zu helfen, die Schicksalsschläge durch Leid,
Verlust, Krankheit oder Unfall erleben,
und auf der Suche nach den schönen Seiten des Lebens sind.

Ich lasse meinem Gespür, meiner Intuition, meiner Feinfühligkeit
ihren freien Lauf.

Nichts jedoch geschieht ohne göttliche Gnade.

Das wertvollste Geschenk in meinem Leben ist es,
»ein Instrument in Gottes Händen«
sein zu dürfen.

Danksagung

Meiner lieben Mama, die mich auf die Welt gebracht hat und immer so gut für uns sorgt. Sie ist die beste Mama, die es gibt. In schönen Zeiten wie auch in schwierigen ist ihr Herz immer offen – und immer am richtigen Ort. Eine richtige Mama eben. Unserem Familienfreund Jakob, der als einer der besten Ideenfinder gilt und uns immer mit Rat und Tat beiseite steht. Meiner Schwester Katharina, die schon seit unserer Kindheit immer auf mich aufgepasst hat und dies heute noch tut. Sie ist eine Schwester, auf die man sich immer verlassen kann, vor allem dann, wenn es drauf ankommt. Auch wenn wir sehr unterschiedliche Interessen haben, füllen wir gegenseitig unsere Herzen mit viel Freude und Liebe. Meinem Soulmate, besten Freund und Ehemann André: Worte reichen nicht aus, um das auszudrücken, was wir miteinander erleben dürfen. Es ist ein Geschenk tiefster Liebe und innigsten Vertrauens. Meiner Physiotherapeutin, besten Freundin und Trauzeugin, Joke de Kroon, ein ein Meter neunzig grosser Engel, der immer da ist, einer der liebenswertesten Menschen, die es gibt, der keine Regeln kennt – ein Gedanke an sie genügt und schon klingelt das Telefon. Meiner damaligen Osteopathin Guusje Boutellier, ich verdanke ihr viele wertvolle Gespräche in Therapiesitzungen, einige bis spätabends, sowie unzählige Spaziergänge, welche mein Herz weit geöffnet haben. Meinem damaligen Unfallarzt Michael Wawroschek, der immer an mich geglaubt hat, in hektischen Momenten immer Zeit und Ruhe fand und unglaubliches Wissen und viel Feingefühl in sich trägt. Er ist ein wahrer Meister auf seinem Gebiet. Unserer Hausärztin Elisabeth Müller, die immer mit Rat und Tat zur Seite steht und immer ein offenes Ohr zu jeder Tageszeit hat. Ihr gilt meine Wertschätzung für ihre Grosszügigkeit und ihr soziales Engagement für Menschen, die ihre Hilfe benötigen. Meiner damaligen Anwältin Caroline Bono, die stets mitfühlen konnte, wie es mir ging, und mir in jedem Moment durch ihr professionelles Wissen die nötige Unterstützung geben konnte. Heute zählt dieser einzigartige Mensch zu meinem engsten Freundeskreis.

Anastasia Mihailov, eine wahre Seelenfreundin in jeder Hinsicht. Unsere vielen Ähnlichkeiten bringen immer wieder ein Lächeln in uns hervor. Jedes Mal, wenn ich sie sehe, spüre ich die wahre Liebe. Ihre feste Überzeugung und stetige Motivation verhalfen mir, dieses Buch zu verwirklichen. Susanne Thut, ihr verleihe ich den Titel »Nr.-1-Hundeflüsterin«. Ihre Präsenz, ihre Worte, ihre scharfe Wahrnehmung und Intuition haben immer wieder mein Herz erblühen lassen. Ein faszinierender Mensch mit aussergewöhnlichen Fähigkeiten. Wenn sie spricht, dann fühlt es sich an, als würden Engel durch sie reden. Meinem Dogy, Bonito, der immer ein Lächeln in mein Gesicht zaubern konnte, der mein Herz stets erfüllte, und mir beim Schreiben dieses Buches in jedem Moment Inspiration und Unterstützung gab. Seine formlose Präsenz ist heute wahre Göttlichkeit.

Meine absolute Hingabe dem Göttlichen, Baba, Jesus und Swami, die mir die nötige Kraft gegeben haben, dieses Buch zu schreiben. Sie haben meinen Schmerz besänftigt, damit ich Dogys formlose Präsenz spüren kann. Das Unmögliche wurde möglich, um den Menschen auf diesem Weg grosses Wissen zugänglich zu machen.

Empfehlenswerte Bücher zu den Lehren Swami Kaleshwars

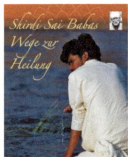  

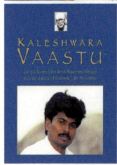 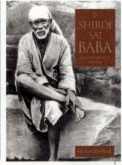 

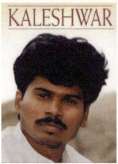 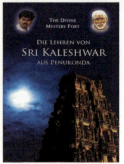

zu bestellen bei: www.kaleshwar-publishing.de

Empfehlenswerte Bücher
aus meinen Erzählungen

Die mit »Swami Kaleshwar« gekennzeichneten Texte sind mit freundlicher Genehmigung von der Website kaleshwar.org entnommen, ebenso die Bilder auf den Seiten 98, 109 und 111. Alle anderen Texte und Bilder sind privat.

Om Shanti Shanti Shanti

Loka Samastaha Sukino Bavantu
Loka Samastaha Sukino Bavantu
Loka Samastaha Sukino Bavantu

Om Shanti Shanti Shanti